이치로 시크

─고독을 견디고 성공을

고다마

일러두기

1. 일본 인명과 지명은 국립국어원 외래어 표기법에 따랐다.

2. 본문 중에서 '역주'로 표기된 것 외에는 모두 저자의 주석이다.
   * 역주 예 : 제아미(일본 전통 가무극 '노'의 연기자이자 극작가-역주), 아이들링(기계나 자동차 따위의 엔진을 가동한 채 힘 걸림이 없는 상태에서 저속으로 회전시키는 일-역주)

3. 서적 제목은 겹낫표(『 』)로 표기하였으며, 그 외 인용, 강조, 생각 등은 작은따옴표(' ')를 사용하였다.
   * 예 :『이치로 USA 어록』,『이치로에게 배우는 '천재'라 불리는 사람의 공통점』, '끈기는 성공의 어머니'

목차

머리말

  2004년 10월 1일 세이프코 필드로 돌아온 이치로는 무려 4만 5,000명의 관중 앞에서 실로 간단하게, 절대 깨지지 않을 것으로 여겨졌던 조지 시슬러의 위대한 기록을 84년 만에 갈아치웠다.

  1회 첫 타석에서 두 번의 파울로 끈질기게 버티다가 우완 투수 라이언 드레스(Ryan Drese)가 던진 바깥쪽으로 높게 흘러가는 147킬로미터 속구를 받아쳤다. 시슬러의 기록과 같은 257번째 안타는 크게 바운드하여 3루수 행크 블레이락(Hank Joe Blalock)의 머리 위로 넘어갔다.

  이어진 3회 두 번째 타석에서는 드레스가 던진 싱커를 때렸고, 통렬한 땅볼이 유격수 마이클 영의 오른쪽으로 빠져나가 시슬러의 기록을 싱겁게 넘어섰다.

  "이치로! 축하합니다"라는 글자가 전광판에 떴고 축하의 불꽃이 터졌다. 벤치에 앉아 있던 팀원 전원이 1루 쪽으로 우르르 뛰어나갔다. 살며시 고개를 갸우뚱거리며 팀원 몇 명과 부둥켜안은 이치로의 눈은 촉촉하게 젖어 있었다.

  '안타를 한 번이라도 더 많이 치는 것'을 인생 최고의 목표로 삼고 메이저 리그에 진출한 이치로에게 이날은 '인생 최고의 날'이 되었다.

262개의 안타를 친 이번 시즌 동안에 세 게임 연속 노 안타는 한 번도 없었지만, 시슬러의 대기록 달성이 시야에 들어온 9월 10일부터 13일까지 사이에는 네 경기 중 세 경기에서 노 안타를 기록했다.

9월 13일 경기 후 가진 기자 인터뷰에서 이치로는 다음과 같이 말했다.

"여태까지 가장 시간을 많이 들인, 가장 좋아하는 야구에서 누구보다 안타를 많이 치겠다는 목표가 눈앞으로 다가오는 일은 좀처럼 자주 생기는 일이 아니잖아요. 그래서 동시에 굉장히 두근거리기도 했어요. 힘들지만 가슴 뛰는 삶을 살 수 있다…. 이렇게 신나는 일이 또 있을까요?"

이 책을 집필하기 위해 수집한 500건 이상의 인터뷰를 분석하며 알게 된 것은 '이치로의 관심사는 늘 힘들 때의 자신'이라는 것이다.

'괴롭지만 신난다'거나 '슬럼프야말로 최고 컨디션'이라고 생각한다. 또 '역경과 위기 속에서만 진화의 기회를 발견할 수 있다'고 단언한다.

그렇게 믿으며 한결같이 배트를 휘두른 결과, 마치 마법에 걸린 것처럼 배트가 기적을 일으킨 것이다.

우리는 엄청난 안타 기록을 낼 수는 없지만, 이치로의 사고방식은 지금 당장이라도 배울 수 있다. 그리고 그 사고방식을 실천하면 누구든 '직장이나 학교의 영웅'이 될 수 있다.

　다가올 시즌에 꿈의 0.400 타율을 달성하려면 올해 목표는 700타수일 때 280안타를 치는 것이 된다. '꿈의 0.400'가 아니라 '280안타'를 목표로 이치로는 다가올 시즌 준비에 이미 돌입했다.

고다마 미쓰오

2004년 10월 매리너스 VS 레인저스 경기 5회에 시즌 260번째 안타를 좌중간으로 날린 매리너스의 이치로 외야수(시애틀의 세이프코 필드).

제**1**장
이치로의 행동 패턴에서 배우다

"스스로 만족하는 기준은
최소한 누군가를 꺾는 것은 아니에요.
만족이란 자신이 정한 목표를 달성했을 때
느껴지는 법이니까요."

2004년 10월 1일, 조지 시슬러의 시즌 합산 257안타 기록을 깬 후 인터뷰에서.

01. 스스로 정한 목표를 쫓아라

다른 사람들의 평가가 신경 쓰이는 것은 인간의 본능이다. 하지만 남들이 내린 평가란 남 일이라 쉽게 내린 평가다. 사람은 누구나 자기 인생을 사느라 바쁘다.

남이 내리는 평가에 신경을 끄지 못한다면 큰일을 해낼 수 없다. 먼저 자신의 목표가 무엇인지를 정확하게 파악하라. 그리고 무슨 일이 있더라도 목표를 이루어낼 행동 계획을 세워라. 설령 남의 시선이 신경 쓰인다 하더라도 과감하게 단행하라.

스스로 정한 목표를 달성했을 때 느껴지는 쾌감을 경험한 사람은 행복한 사람이다. 설령 꿈을 이루지 못한다고 하더라도 꿈을 향해 나아가라. 이를 두고 남들이 무엇이라고 생각하든 당당한 태도로 꿈이 실현될 때까지 노력하라. 이를 통해 당신은 한 단계 성장할 것이다.

· 쓸데없는 일이라고 생각되더라도 진심을 다해 지속하라.
· 성과가 나지 않더라도 묵묵히 해나가라.
· 스스로 정한 실천 계획을 매일 실행하라.

신념을 가지고 이와 같이 실행하면 어떤 재능을 얼마만큼 가지고 태어났는가에 상관없이 누구든지 행복해질 수 있다.

남들이 어떻게 생각하는가에 상관없이 자신의 신념을 관철하라.

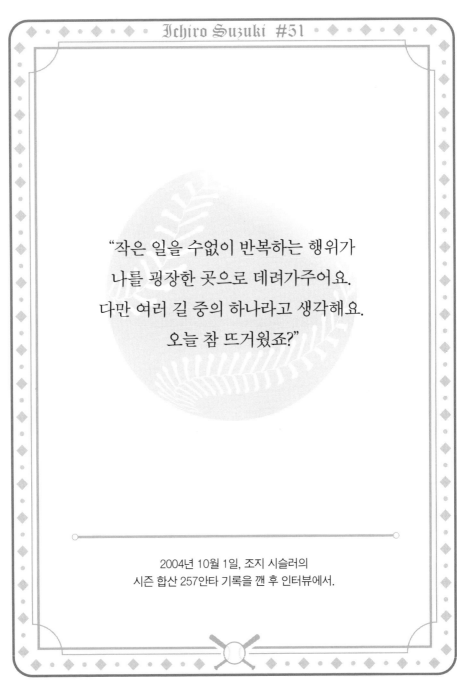

"작은 일을 수없이 반복하는 행위가
나를 굉장한 곳으로 데려가주어요.
다만 여러 길 중의 하나라고 생각해요.
오늘 참 뜨거웠죠?"

2004년 10월 1일, 조지 시슬러의
시즌 합산 257안타 기록을 깬 후 인터뷰에서.

02. 눈앞의 일이 중요함을 깨달아라

누구나 원대한 꿈을 꾼다. 하지만 대부분 꿈을 이루지 못한다. 현재의 나와 꿈을 연결해주는 유일한 다리는 당신 눈앞에 있는, 언뜻보기에 하찮아 보이는 작은 일을 인내심을 갖고 반복하는 것이다. 보통 사람들은 처음부터 높은 수준의 일을 해내고 싶어 하는 탓에 첫걸음조차 내딛지 못한다. 이래서는 어떤 일에든 도전조차 할 수 없다.

이치로는 초등학교 3학년 때 배트를 휘두르며 스윙 연습만 했다. 배트를 손에 쥐자마자 안타를 날릴 생각을 해서는 안 된다. 스윙 연습을 반복해야 겨우 배트에 공이 스치게 된다. 파울 팁이 파울이 되고, 어느 날 안타를 날리게 된다. 진화는 모두 그런 과정을 거친다.

음악가의 등용문이자 세계 최고의 콩쿠르인 차이콥스키 콩쿠르의 우승자라 하더라도 본격적으로 악기 연주를 시작한 때부터 영예의 왕관을 거머쥐기까지 걸리는 시간은 평균 17년이라고 한다. 골프 선수 타이거 우즈(Eldrick Tiger Woods)도 이치로도 해당 스포츠에 본격적으로 입문해서부터 일류 선수가 되어 세상 사람들에게 인정받기까지 15년이 걸렸다. 눈앞의 일을 묵묵히 반복하며 경험을 쌓아라. 이것이야말로 일류가 되기 위한 최고의 방법이자 가장 확실한 방법이다.

일견 시시한 일 속에 성공의 씨앗이 담겨 있다.

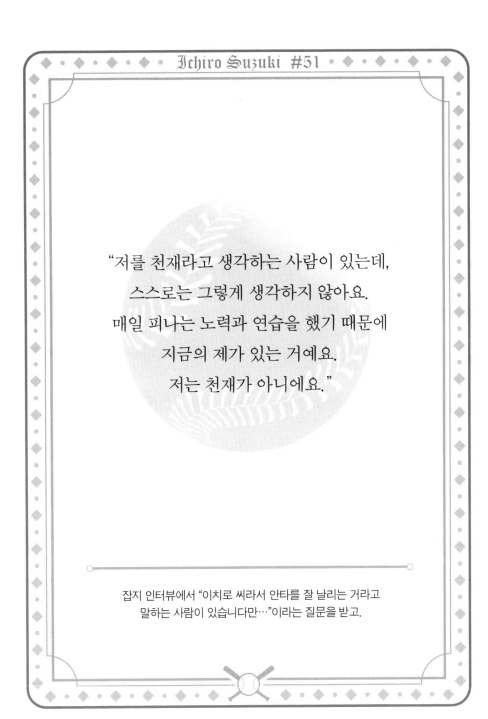

"저를 천재라고 생각하는 사람이 있는데,
스스로는 그렇게 생각하지 않아요.
매일 피나는 노력과 연습을 했기 때문에
지금의 제가 있는 거예요.
저는 천재가 아니에요."

잡지 인터뷰에서 "이치로 씨라서 안타를 잘 날리는 거라고
말하는 사람이 있습니다만…"이라는 질문을 받고.

03. 끝없는 관심이 천재를 만든다

식사할 때 우리는 젓가락을 의식적으로 움직이지 않는다. 태어나고 얼마 지나지 않았을 때부터 하루 세 번 반복적으로 한 습관 덕에 저절로 젓가락질이 되는 것이다. 횟수만 채우면 행위는 무의식중에 저절로 이루어진다.

천재는 재능을 가지고 태어난 사람이 아니다. 사람은 누구나 백지상태의 뇌세포를 가지고 태어난다. 환경과 그 사람의 관심사가 뇌세포를 저마다 다르게 만드는 것이다.

이치로도 예외가 아니다. 태어났을 때는 백지상태였던 배트 휘두르는 능력을 후천적으로 개발한 것이다. 재능 하나를 기르고자 한다면 특정 분야에 입문하여 해당 영역의 신경 회로망 밀도를 확실하게 단련하면 된다.

스윙 실력을 향상시키는 것에만 의식을 집중하며 묵묵히 배트를 휘두른 결과, '스윙 세포'가 그 누구와도 비견되지 않을 만큼 고도로 발달한 것이다. 그에게 피나는 연습을 하게 만든 것은 자신의 불완전함에 대한 관심이다. 안타를 치지 못할 때마다 새로운 호기심이 싹텄고, 그 호기심이 계속 배트를 휘두르게 만들었다.

해야 할 일에 확실하게 푹 빠져라. 설령 생각처럼 잘되지 않더라도 조금씩 개선하며 반복하라. 반복이 위대한 일을 해내게 할 것이다.

횟수를 채우면 누구든 천재가 될 수 있다.

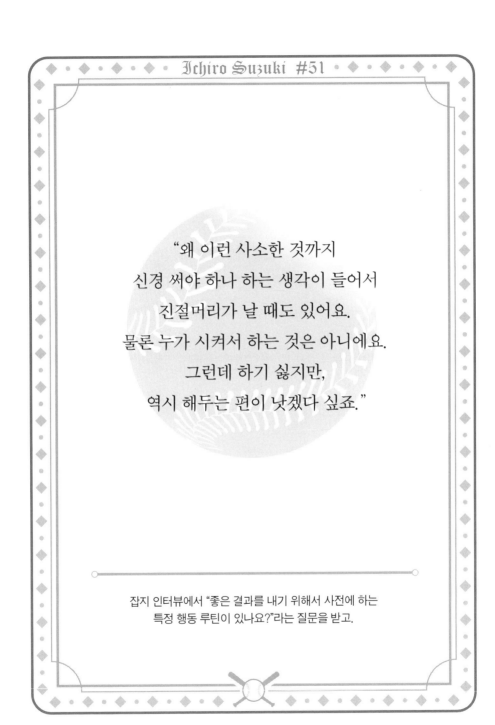

"왜 이런 사소한 것까지
신경 써야 하나 하는 생각이 들어서
진절머리가 날 때도 있어요.
물론 누가 시켜서 하는 것은 아니에요.
그런데 하기 싫지만,
역시 해두는 편이 낫겠다 싶죠."

잡지 인터뷰에서 "좋은 결과를 내기 위해서 사전에 하는
특정 행동 루틴이 있나요?"라는 질문을 받고.

04. 사소한 것일수록 정성껏 공들여라

어쩌면 이치로에게 배트를 휘두르는 것보다 더 중요한 것은 스윙하기 전에 하는 동작들일 것이다. 즉, 엄청난 안타 기록을 낼 수 있었던 것은 단순히 배트 컨트롤 능력이 뛰어나기 때문이 아니다. 그것 이외의 다른 비밀이 있는 것이다.

타석에 서기 전에 어떤 동작들을 하는지 주의 깊게 살펴보기를 바란다. 매번 웨이팅 서클에서 한 치의 오차도 없이 동일하게 공들여 스트레칭을 한다.

그는 스스로 정한 사소한 규칙들을 하나씩 착실하게, 하물며 정성스럽게 실행함으로써 집중력을 높인다. 매번 타석에 들어서기 전에 사소한 규칙을 동일한 순서로 실행하기 때문에 최고의 심리 상태로 배트를 휘두를 수 있는 것이다.

미 해군사관학교의 사격 지침은 '자세 잡고, 조준, 사격'이다. 정확하게 쏘기 위해서는 '자세 잡고'와 '조준'의 두 요소에 정신을 집중해야 한다. 세세한 순서를 무시해서는 일이 정확하게 추진되지 않는다. '사소한 작업은 중요한 일이 아니다'라는 생각으로 사소한 일을 대충 하는 사람은 큰일을 해낼 수 없다. 정해진 사소한 일을 꾸준히 정성스럽게 할 때 비로소 위대한 일을 해낼 수 있는 것이다.

정해진 사소한 일을 꼼꼼하게 하면 집중력이 올라간다.

"모두 저니까요.
놀랄 만한 결과는 아니에요.
놀랄 때는 저답지 않은 플레이를 했을 때예요.
예를 들어 작년에
마이크 햄튼(Mike Hampton, 말린스)이 던진 공을
때려 좌중간으로 홈런을 날렸을 때와
일본에서 원바운드로
안타를 쳤을 때 같은 경우요."

5타수 4안타를 기록한 경기 후 인터뷰에서.

05. 횟수를 채우면 모든 것이 가능해진다

이치로는 '배트를 휘둘렀더니 때마침 운 좋게도 안타를 쳤다'는 식의 스윙은 절대로 인정하지 않는다. 설명할 수 없는 안타는 그의 사전에 없다.

운에 의지하는 사람은 어엿한 어른이 될 수 없다. 그는 행운을 자신의 실력으로 착각할 것을 우려한다.

사람들이 보지 않는 곳에서 연습하며 횟수를 채우면 누구든 위대한 재능을 익힐 수 있다. 빌 게이츠도 하버드대학교 컴퓨터 센터에서 컴퓨터 소프트웨어 개발에 몰두하며 밤을 지새웠다고 한다. 낮에는 다른 학생들과 번갈아가며 컴퓨터를 사용해야 하므로 다른 학생들이 자는 시간에 집에도 거의 돌아가지 않고 몇 날 며칠 밤샘 작업을 해서 혁신적인 소프트웨어를 만들어냈다.

자기 나름대로 연구를 거듭하며 어떻게든 한 가지 재능을 갈고닦아라. 심혈을 기울이면 운이라는 애매한 요소에 의지하지 않고도 멋진 재능을 손에 넣을 수 있다.

피나는 단순 작업 끝에 자기 힘으로 재능을 손에 넣어라. 이리하여 이루어낸 성과는 흔들림 없는 자신감이 되어준다.

운에 의지해서는 일류가 될 수 없다.

"성공에는 여러 가지가 있겠지만,
제가 생각하는 성공은
자신이 세운 목표를 이루는 거예요.
남들이 말하는 성공을 쫓으면
무엇이 성공인지 알 수 없게 돼버려요."

TV 인터뷰에서 "이치로 씨에게 성공이란 무엇인가요?"라는 질문을 받고.

06. 남들의 인정을 바라지 않으며 담담하게 임하라

이치로는 '성공'이라는 말을 그다지 좋아하지 않는다. 성공이라는 말에는 '남은 어떻게 되든 상관없다', '남을 끌어내리고서라도 위로 올라가겠다'라는 뉘앙스가 담겨 있기 때문이다.

과정에 성실하게 임했는가 그렇지 않았는가로 판단받는다면 수긍하겠으나 결과에 따라서 성공 여부를 판단받고 싶지 않다, 성공했는가 실패했는가는 스스로 정하는 것이지 남이 정할 수 있는 것이 아니라는 원리·원칙이 그의 행동을 지배한다.

주변 사람의 평가가 두려워 자신의 신념을 굽혀서는 안 된다, 성과가 나오지 않았더라도 스스로 만족한다면 그것으로 충분하다, 설령 아무도 인정해주지 않더라도 스스로 납득할 만한 플레이를 했으면 된 거라고 그는 생각한다.

성공을 추구하면서 주변 사람의 평가에 신경 쓰면 어떤 일에서 좀처럼 성과가 나지 않을 때 '이렇게 열심히 했는데도 보상이 따라오지 않네'라고 결론짓고 쉽게 포기한다. 설령 성과가 나지 않더라도 '나는 성장했어'라고 생각하면 언젠가 인생이 걸린 중대사가 생겼을 때 반드시 보탬이 된다.

타인의 인정보다 자신의 인정이 중요하다.

"경험입니다.
여러 경험을 통해 무엇을 얻었는가,
플레이하며 무엇을 느꼈는가를 중시해요.
개중에는 동물적인 플레이를 하는
사람이 있는데, 그런 사람(아무 생각도 하지 않고
본능적으로 플레이하는 사람)은
결과를 내기 힘들어요."

잡지 인터뷰에서 "이치로 씨는 중시하는 것은 무엇인가요?"라는
질문을 받고

07. 경험에 기초한 호기심이야말로 진화의 원동력이다

인류의 진화는 돌연변이형 호기심을 지닌 유인원에 의해 이루어졌다고 단언하는 인류학자가 있다.

식량도 풍부하고 기후도 온화한 쾌적한 밀림에서 왜 천적도 많고 식량도 거의 없는 불모지 사바나 지역으로 두 발로 걸어 이동했는가? 호기심 외에는 다른 이유를 도저히 찾을 수 없다.

호기심이 이치로의 진화를 뒷받침해준다. 호기심이 있으면 제아무리 오래 지속하더라도 질리지 않는다. 호기심을 가지고 일에 푹 빠지면 반드시 보이게 되는 심연이 있다. 이것이 더욱 푹 빠져드는 동기가 된다.

인간에게는 여태까지 보이지 않던 것이 보이는 것이야말로 무엇보다 큰 쾌감이다. 호기심은 '경험'을 통해서만 자라난다. 지름길은 없다.

'노력'이라는 글자가 머릿속에 떠오른다면 그것은 진짜가 아니다. 호기심을 가지고 눈앞의 일에 몰두하면 '노력해야 한다'라는 생각이 흔적도 없이 사라진다.

경험에 기초한 호기심이야말로 재능을 키워주는 강력한 무기이다.

열중하면 보이지 않던 세계의 문이 열린다.

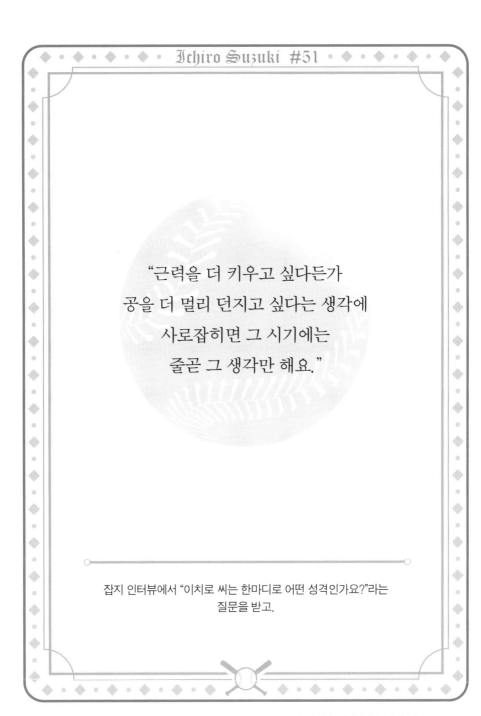

"근력을 더 키우고 싶다든가
공을 더 멀리 던지고 싶다는 생각에
사로잡히면 그 시기에는
줄곧 그 생각만 해요."

잡지 인터뷰에서 "이치로 씨는 한마디로 어떤 성격인가요?"라는
질문을 받고.

08. 성과를 기대할 수 없더라도 집요함을 가지고 전력을 다하라

매일 꾸준히 노력하는 것은 어려운 일이다. 집어치우고 싶기 마련이다. 당신은 불도저처럼 자신이 믿는 울퉁불퉁한 길을 한결같이 계속 걸어나갈 수 있는가?

인생에서 눈에 띄지 않는 노력을 거듭 쌓아 올렸음에도 결과가 나오지 않는 일만큼 괴로운 일은 없다. 하지만 성공은 조금씩 다가오지 않는다.

아무리 노력해도 결실이 없고 성과가 전혀 나지 않는 상태가 지속되어 포기하려는 차에 갑자기 '성공의 문'이 열린다. 성공의 여신이 그 사람의 인내심과 집요함이 얼마나 강한지 시험하는 것이다.

집요함은 결과를 바라지 않으며 자신이 납득할 수 있는 결과나 목표에 질리지도 않고 계속 도전하게 만드는 스태미나이다.

야구에 대한 비정상적일 정도의 '집요함'이 그를 위대한 프로 야구 선수로 만들었다. 또 스윙에 지대한 관심을 계속 가지게 했다.

이는 스포츠 선수에게 일어날 수 있는 하나의 기적이다. 24시간 집요하게 해당 스포츠에 전념하는 것 말이다. 이런 사람을 성공의 여신이 못 보고 지나칠 리 없다.

성공의 여신은 인간의 인내심과 집요함을 시험한다.

"왜 매일 연습하느냐? 이유는 간단해요.
몸은 최상의 컨디션 상태를 금세 잊어요.
그 상태를 잊지 않으려고 매일 연습하는 거예요.
다른 이유는 없어요.
'끈기는 성공의 어머니'라는 말도 있잖아요."

잡지 인터뷰에서 "왜 그렇게 열심히 연습하세요?"라는 질문을 받고.

09. 작은 일을 매일 지속하라

매일 지속하는 데서 강력한 에너지가 나온다. 사소한 일을 반복하는 것을 하찮게 여겨서는 안 된다. 꿈이나 목표를 찾지 못한 사람은 우선 단 5분이라도 좋으니 매일 같은 시간에 같은 일을 하는 습관을 들여라.

예를 들어 아침마다 화장실에서 영어 단어 다섯 개만 외우더라도 일 년간 지속하면 1,800개가 넘는 단어를 암기할 수 있다.

아침에 기상하면 먼저 오늘 할 일을 노트에 메모하라. 그리고 밤에 잠자리에 들기 전에 실행 여부를 체크하라. 또는 큰 종이에 큰 글씨로 매일 지킬 사항을 써서 가장 눈에 잘 띄는 침실 벽에 붙여두어라. 이렇게 하는 것만으로도 실행력이 몰라보게 좋아진다.

한번 습관을 들이면 이번에는 그만두기 힘들어진다. 아테네 올림픽 여자 마라톤에서 금메달을 딴 노구치 미즈키 선수는 매일 30킬로미터를 달리는 것이 일과였다. 그녀에게는 달리지 않는 것이 오히려 힘든 일이었다.

작은 일을 꾸준히 하는 것에서 쾌감을 느껴보라. 그렇게 하면 작은 프로젝트가 놀랄 만큼 큰 프로젝트로 이어질 것이다.

꾸준히 지속하는 습관을 들여라.

"어렸을 때 스테이션 왜건 뒷자리에 타는 것을 무척 좋아했어요. 자동차 뒷자리에 타서 계속 위를 올려다보고 있었어요. 그러면 전깃줄이 보이는데, 거기에 규칙적으로 이음매 같은 동그란 점이 있어요. 그게 나올 때마다 눈을 감았어요. 버스를 탈 때도 전봇대가 정확하게 내 옆에 오면 눈을 감는 놀이를 했어요. 저는 정확하게 타이밍 맞추는 것을 좋아해요."

1년 차 시즌이 끝났을 때 잡지 인터뷰에서 "어린 시절에 했던 것 중에서 지금 생각했을 때 야구에 도움이 된 것에는 무엇이 있나요?"라는 질문을 받고.

10. 일의 테마를 정하고 장기간 반복하라

일은 하루 24시간 언제든지 어디에서든 할 수 있다. 이치로처럼 일에 도움이 되는 일이라면 어떤 사소한 일이라도 탐욕적으로 하라.

'빈 시간'을 활용해 꾸준히 연습하면 놀랄 만큼 강력한 재능을 손에 넣을 수 있다. 소소한 궁리를 하는가 그렇지 않은가가 일류와 이류의 차이를 만든다. 일류가 된 사람들의 공통점은 어떤 것 하나를 정하고 끈기 있게 똑같은 일을 반복할 수 있다는 것이다. 이것이 보통 사람과 결정적으로 다른 점이다. 재능이란 이미 보유한 능력을 말하지 않는다. 장기간 묵묵히 반복해서 연습함으로써 획득할 수 있다.

1시간 동안 쉬지 않고 단조로운 반복 연습을 하는 것은 힘든 일이다. 하지만 '빈 시간' 5분을 모아 단조로운 반복 연습 12번을 하는 거라면 즐기면서 할 수 있을 것이다. 출퇴근 시간은 가장 유용하게 쓸 수 있는 '빈 시간'이다. 예를 들어 왕복 2시간을 들여 출퇴근하는 사람이라면 연간 500시간의 '빈 시간'이 있는 셈이다. 이 시간을 이용하여 어떤 것 하나를 정하고 일 년간 지속해보라.

질리지 않도록 여러 가지 방법을 궁리해가며 이 시간에 어학 공부나 취미에 몰두하라. 이렇게 하는 것만으로도 당신은 간단하게 한 가지 재능을 손에 넣을 수 있다.

'빈 시간'을 유용하게 이용하라.

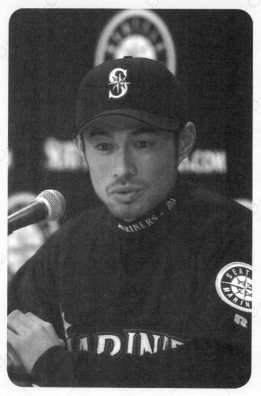

매리너스 VS 레인저스 경기 후에 웃는 얼굴로 기자 회견에 임한
매리너스의 이치로 외야수(시애틀의 세이프코 필드). 2004. 10. 1.

제**2**장
스스로 진화하는 법

"해낸 직후에는 가슴이 뜨거웠어요. 지금까지 제 야구 인생에서 가장 가슴 뜨거웠던 순간이에요. 210안타를 기록한 1994년 당시의 심정을 훌쩍 뛰어넘어요. 미국에 오고 나서 이런 일은 일어나지 않을 거라고 생각했거든요.
지금은 그냥 맥주 냄새가 풀풀 나네요. 최하위 팀에서 설마 맥주 세례를 받게 될 줄은 몰랐어요."

2004년 10월 1일, 조지 시슬러의 시즌 합산 257안타 기록을 깬 후 인터뷰에서.

11. 가끔은 스스로 칭찬하라

이치로만큼 자신에게 엄격한 사람은 드물다. 그가 했던 발언 중에서 자기를 칭찬한 말을 찾는 것은 거의 불가능에 가깝다. 그런 그가 웬일로 스스로 자신을 칭찬했다. 바로 앞의 말이다.

열심히 했으면 가끔은 자기를 칭찬하라. 나를 가장 잘 아는 사람은 '나 자신'이다.

프로젝트가 일단락났으면 "애썼어!" 하며 노고를 치하하라. 또는 애쓴 나에게 작은 선물을 하라.

스스로 기운을 북돋우는 이 기술은 의외로 효과가 좋다. 자신을 칭찬하면 삶이 즐거워진다.

이때 얻는 힘을 얕보지 마라. 자신의 힘을 확신함으로써 잠재 능력의 문이 자연스럽게 열릴 것이다.

일이 잘 풀렸을 때는 스스로 칭찬하라. 일이 잘 풀리지 않았을 때는 스스로 격려하라. 이렇게 하면 삶을 언제나 긍정적으로 살 수 있다.

애쓴 나에게 작은 선물을 하라.

"여전히 야구를 더 잘하고 싶어요. 야구를 잘한 다는 실감을 온몸으로 느끼고 싶어요. 그것은 저 만의 즐거움이고, 저만 아는 감각이라서 숫자로 는 표현되지 않아요. 앞으로 더 나아가고자 하는 마음이 있는 한, 앞으로도 즐거운 일은 얼마든지 있을 거예요. 최고에 조금이라도 더 가까이 다가 가고 싶어요."

"조지 시슬러의 기록을 경신한 지금, 앞으로의 목표는 무엇인가요?"라는 기자의 질문을 받고.

12. '재미'를 우선하라

'더 잘하고 싶다'는 이치로의 마음이 연간 262안타라는 엄청난 기록을 만들어냈다. 만일 그가 기록만 의식하며 야구를 했다면 중압감에 짓눌려 도중에 좌절했을 것이다.

자신이 하는 일에서 찾아낸 '재미'야말로 큰일에 도전하게 해주는 에너지원이다. 물론, 사력을 다한다고 해도 뜻대로 잘된다는 보장은 없다. 하지만 그렇다고 좌절해서는 안 된다.

이치로는 뜻대로 잘되지 않을수록 '재미있다'고 느낀다. 한 가지 일이 일단락 나면 '잘 풀렸다'든가 '잘 풀리지 않았다'든가 하는 판단 기준을 잊고 '재미있었다'라고 느껴보라.

'나는 왜 이렇게 운이 따라주지 않는 거야!'라며 비관하지 말고 '잘 풀리지 않으니까 의욕이 더 불타네. 지금이 실력을 발휘할 때야!'라고 긍정적으로 생각해보라.

일에서 '재미있다'고 느껴지는 요소를 찾아냈을 때 당신은 한 단계 더 성장할 것이다.

운이 따라주지 않을 때일수록 긍정적으로 생각하라.

"다른 사람이 만들어낸 상황에서는
행복이나 기쁨을 느낄 수 없다고 생각해요.
스스로 무언가를 한 결과로
행복을 느낄 수는 있지만,
단순히 좋은 상황이라고
'아아, 행복하다!'라고 느끼지는 않아요.

TV 인터뷰에서 "이치로 씨가 기쁨을 느끼는 기준은 무엇인가요?"라는
질문을 받고.

13. 행복은 마음속에 있다

이치로의 마음은 '야구를 할 수 있다'라는 행복감으로 늘 충만하다. 이러한 행복감이 그의 마음속에 있는 한, 어떤 일이 벌어지더라도 그는 불행해지지 않는다.

제아무리 좌절하더라도 또는 성적 부진이 오래 지속되더라도 그의 원점에는 '야구를 할 수 있으면 행복하다'라는 신념이 있다. 이 마음은 그 누구도 빼앗을 수 없다.

시드니 올림픽 여자 마라톤에서 금메달을 딴 다카하시 나오코 선수는 대회 당일에 감독에게 "감독님, 나중에 읽어보세요"라며 작은 메모지를 건넸다. 메모지에는 이런 글이 적혀 있었다.

"무명 시절부터 지도해주셔서 고맙습니다. 스타트 라인에 설 수 있음에 감사하며 있는 힘껏 최선을 다하겠습니다."

행복은 의외로 지극히 당연한 일 속에 숨어 있다. 마음속에 있는 '야구를 하고 싶다'든가 '달리고 싶다'라는 내부에서 끓어오르는 열정을 한시도 잊지 않기 때문에 그들은 최선을 다할 수 있는 것이다.

다시 한번 원점으로 돌아가서 '일을 할 수 있다'는 행복을 재확인해보라. 그 마음에서 스타트하면 무슨 일이든 의외로 잘 풀린다.

당연한 일에 감사하라.

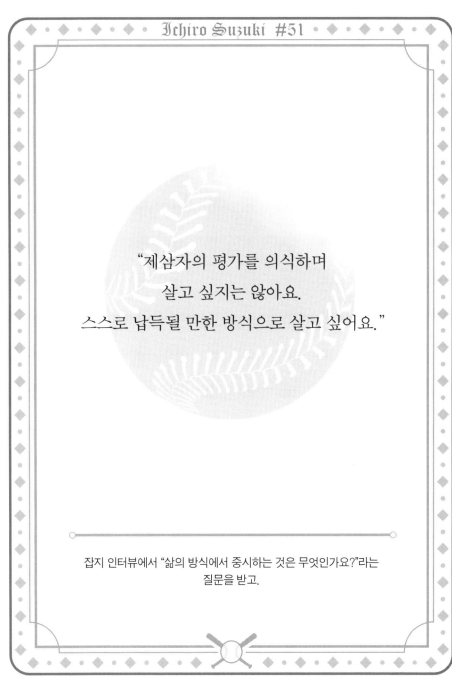

"제삼자의 평가를 의식하며
살고 싶지는 않아요.
스스로 납득될 만한 방식으로 살고 싶어요."

잡지 인터뷰에서 "삶의 방식에서 중시하는 것은 무엇인가요?"라는
질문을 받고.

14. 남의 평가는 쉽게 변한다

남에게 좋은 평가를 받는 것은 무척 기분 좋은 일이다. 성과를 올렸을 때 누군가가 칭찬해주길 바라는 감정이 생기는 것은 지극히 당연한 일이다. 흔히 혼자만 만족하는 것은 단순한 자기만족에 지나지 않는다고 생각한다.

하지만 여기에 함정이 있다. 남에게 인정받고 싶다는 마음이 커지면 본래 목적을 잊고 남들이 좋아할 만한 행동을 하게 된다. 그리고 어느 사이엔가 자신의 목표는 잃어버린다.

타인의 평가란 무척 모호한 것이다. 남들은 당신이 생각하는 것만큼 당신에게 관심이 없다. 남들이 평가하는 것은 어느 한순간의 결과에 지나지 않는다. 거기에 이르기까지의 과정, 나아가 향하고 있는 미래는 자신밖에 모른다. 그러므로 우선 스스로 납득할 수 있는 길을 걸어야 한다.

당신의 본능에 따른 행위인지 혹은 다른 사람에게 좋은 평가를 받고 싶어서 하는 행위인지를 간단하게 분간할 수 있는 방법이 있다. 바로 해당 작업을 할 때의 체감 시간이다. 만일 놀랄 만큼 시간이 빨리 흐른다면 그것은 당신이 주체적으로 하는 행위이다. 반대로 시간이 느리게 흐른다면 다른 사람을 위해서 하는 행위이다.

체감 시간이 짧은 행위가 당신이 해야 하는 일이다.

"그가 던진 공이 제게 말을 걸어요. 그가 던진 공은 결코 달아나지도 않고, 각을 잡고 날아와서 재미있어요. '다른 투수와는 확연하게 다른 것 같은걸?'이라는 생각이 담긴 공을 던져요. '한번 쳐봐! 그리로 던질 테니까'라며.

그러면 저도 '넋 놓고 당할 순 없지!'라는 것을 배트로 보여주어야 해요. 야구 선수란 원래 그런 존재예요."

메이저 리그 굴지의 투수 팀 허드슨(Tim Hudson, 오클랜드 애슬레틱스)과 대결한 감상.

15. 라이벌이 있으면 성장할 수 있다

혹독한 환경이 재능을 키워준다. 더 극단적으로 말하자면 과감하게 자신을 혹독한 환경에 내던지지 않는 한 성장은 불가능하다.

금붕어의 몸집은 어항 크기에 의해 정해진다. 제아무리 먹이를 많이 주더라도 작은 어항에서 키우면 금붕어는 커지지 않는다.

라이벌이 혹독한 환경을 만들어준다. 송곳니를 드러내고 최고의 투수에게 도전해야 실력이 좋아짐을 이치로는 다른 어떤 타자보다 잘 안다. 이치로의 경우에는 라이벌이 타자가 아니라 투수이다. 더 구체적으로 말하자면 그의 진짜 라이벌은 투수를 맡은 사람이 아니라 그를 향해 날아오는 최고의 공이다.

라이벌이 없는 사람은 불행하다. 목표가 없으므로 동기가 상승하지 않는다. 마음속에 존재감이 강렬하며 이기고 싶다는 생각이 24시간 드는 상대가 있으면 그 사람은 의심의 여지 없는 당신의 라이벌이다.

라이벌을 찾아 혹독한 싸움을 걸어라. 그렇게 하면 의외로 간단하게 당신의 실력이 올라간다.

혹독한 환경이 재능을 키워준다.

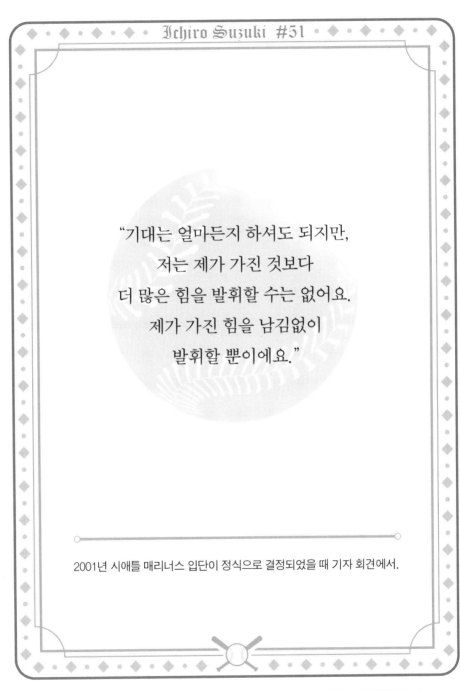

"기대는 얼마든지 하셔도 되지만,
저는 제가 가진 것보다
더 많은 힘을 발휘할 수는 없어요.
제가 가진 힘을 남김없이
발휘할 뿐이에요."

2001년 시애틀 매리너스 입단이 정식으로 결정되었을 때 기자 회견에서.

16. 자신의 힘을 남김없이 발휘하라

최고의 힘을 발휘하고 싶다면 '최고의 나와 만나고 싶다'고 생각하라. 일류 달리기 선수는 최고의 나와 싸운다. 페이스를 마지막까지 유지하는 것은 생각처럼 쉬운 일이 아니다.

미국의 심리학자 브루너(Jerome Seymour Bruner)가 한 가지 실험을 했다. 초등학생을 두 집단으로 나누고 제자리멀리뛰기를 시켰다. 첫 번째 집단에는 '기록을 경신하라'는 목표를 주었고, 두 번째 집단에는 '자신이 할 수 있는 최선을 다하라'라고 시켰다. 그 결과 두 번째 집단의 성적이 눈에 띄게 좋았다.

인생이라는 마라톤에서 승리하고자 한다면 '내 페이스를 지키며 최고로 멋진 달리기를 하자'고 다짐하고 스타트하라. 기록 경신을 목표로 삼으면 대부분 페이스가 흐트러져 중도에 하차한다. 이치로처럼 자신의 힘을 남김없이 발휘하는 것에만 의식을 집중하라.

설령 자신을 앞질러가는 사람이 있더라도 못 본체하고, 지금 내가 할 수 있는 것은 무엇인가에만 의식을 집중하라. 이것이 당신을 성장시켜주는 큰 무기가 된다.

자신의 페이스로 계속 달려나가라.

"아오기 감독님께서
저를 다시 태어나게 해주셨어요.
감독님께서는 설령 몇 번의 경기 동안 한 번도
안타를 치지 못하더라도 인내심을 가지고
저를 계속 그라운드에 내보내주셨어요.
그런 감독님께 감사하는 마음을
표현하기 위해서라도
좋은 성적을 내고 싶었어요."

수위 타자 타이틀을 거머쥔 프로 3년 차 시즌 후에 기자 인터뷰에서.

17. 감사하는 마음이 위대한 일을 해내게 한다

'감사하는 마음'은 상상도 하지 못한 힘을 발휘하게 해준다. 같은 일을 하고 같은 월급을 받는 직장인 두 명이 있다고 하자. 한 사람은 '월급을 쥐꼬리만큼밖에 주지 않으니 일도 적당히 하자'라는 마음으로 일을 대충 한다. 이런 사람은 두각을 나타낼 수 없다.

다른 한 사람은 '이런 불경기에 취직한 것에 감사하자'라는 마음으로 최선을 다한다. 이런 사람은 성장한다. 조직의 중핵이 되어 살아남는 사람은 감사하는 마음을 지닌 사람이다.

이치로의 야구 인생에 결정적인 영향을 준 사람 중에 그를 드래프트 4위로 지명한 고(故) 미와타 가쓰토시 스카우터(당시 오릭스)가 있다.

"미와타 스카우터님께서 저를 프로 야구 선수로 만들어주셨어요"라며 감사하는 마음이 입단 당시의 혹독한 훈련에서 잘 나타난다.

"왜 이렇게까지 혹독하게 훈련하세요?"라는 기자의 질문에 그는 다음과 같이 대답했다.

"이렇게까지 훈련하는 이유는 단순해요. 저를 선발해주신 스카우트님께 누를 끼칠 수 없기 때문이에요…."

'감사하는 마음'을 가지면 사람은 어마어마한 에너지를 발휘하는 법이다.

조직도 감사할 줄 아는 사람을 중용한다.

"틀림없는 제 인생의 스승님이세요. 감독님께는 야구는 물론이고, 야구 이외의 것들도 배웠어요. 사회에 나간 후까지 생각하며 교육해주셨죠. 야구를 할 수 있는 것은 짧은 기간 동안일 수 있다고 하셨고, 그 후에 어떤 사람이 되느냐가 중요하다며 회의 때마다 교훈이 되는 여러 가지 이야기를 들려주셨어요."

"아이치공업대학 부속 메이덴고등학교 재학 당시의 감독 나카무라 다케시는 어떤 사람이었나요?"라는 질문을 받고.

18. 인생을 바꾸어줄 스승을 찾아라

이치로는 어린 시절부터 주체성을 가지고 야구에 몰두했으나, 그런 마음가짐이 더욱 확고해진 것은 고등학교 때이다. 감수성 풍부했던 고등학생 이치로에게 아이치공업대학 부속 메이덴고등학교 야구부의 나카무라 다케시 감독(당시)과의 만남은 마치 천재일우와도 같았다.

나카무라 다케시 감독이 이치로에게 가르친 것은 야구보다 인생이었다. 나카무라 감독은 주체성의 중요성을 부원에게 철저하게 가르쳤다. 야구 기술 대부분을 스스로 만들어낸 그에게 감독이 들려주는 가슴에 스미는 인생 교훈은 틀림없이 놀랍도록 신선했을 것이다.

주체성이 있는가 없는가에 따라서 연습은 두 가지로 나뉜다. '스스로 하는 연습'과 '시켜서 하는 연습'이다. 연습을 '시켜서 한다'고 느끼는 한, 연습에 기백이 담기지 않는다. 마음이 콩밭에 간 상태로 야구방망이를 휘두르다 보니 시간이 아무리 흘러도 기술이 몸이 익지 않는다.

한편, '스스로 하는 연습'에서는 절실함이 넘친다. 그는 매일 밤늦게까지 사람들 눈에 띄지 않는 합숙소 뒷마당에서 홀로 스윙 연습을 했다. '합숙소에 유령이 나온다'는 소문이 났을 정도인데, 그 정체는 몰래 스윙 연습을 하던 이치로이다.

긴 인생길에서 이른 시기에 주체성이라는 보물을 갖도록 교육한

스승을 만난 이치로는 행운아이다.

주체성 없이 연습해서는 기술을 습득할 수 없다.

매리너스 VS 레인저스 경기 3회 말,
조지 시슬러의 기록을 깬 연간 최다 안타 신기록인 258번째 안타를 날린
매리너스의 이치로 외야수(시애틀의 세이프코 필드). 2004. 10. 1.

제**3**장
일에 임하는 자세

"그때의 저와

지금의 저를 비교하는 것은

지금의 저에게 실례라고 생각해요."

2004년 7월 29일 대(對)에인절스전에서
1998년 오릭스 시절 이래 두 번째로 자신의 1경기 5안타 기록을 깬 후 기자 인터뷰에서.

19. 프라이드를 가지고 계속 진화하라

이치로의 진화를 뒷받침해주는 것을 한마디로 말하자면 '프라이드'일 것이다. 프라이드라는 단어를 사전에서 찾아보면 '자긍심, 자존심'이라고 되어 있다. '자기 자신'에게 프라이드를 가지라는 말이 아니다. '자기가 하는 일'에 프라이드를 가지라는 것이다.

일과 격투를 벌이는 과정에서 프라이드는 자라난다. 일에 대한 강한 마음이 프라이드가 되는 것이다.

제삼자에게 좋은 평가를 받았을 때가 아니라 일에 대한 확신이 자기 내부에 생겼을 때 진정한 프라이드가 마음에 뿌리내린다.

일본 사회에서는 '모난 돌'은 여전히 정 맞는 운명을 맞이한다. 그래도 프라이드를 가지고 두 발을 땅에 붙이고 단단하게 서서 최선을 다하면 마지막에는 모두가 인정해준다.

자기 내부에 냉정한 평가를 내리는 또 하나의 나를 만들고, 일을 최고로 완성도 높게 해내는 습관을 들여라.

자기가 하는 일에 자긍심을 가지면 자연스럽게 프라이드가 스며나온다. 실력을 제대로 갖춘 '모난 돌'이 되면 정으로 때리려는 자도 사라진다. 또한 그렇게 될 때까지 고생하는 과정에서 자연스럽게 자라난 프라이드가 그 사람을 점점 진화시킨다.

일에 대한 강한 마음이 프라이드를 키워준다.

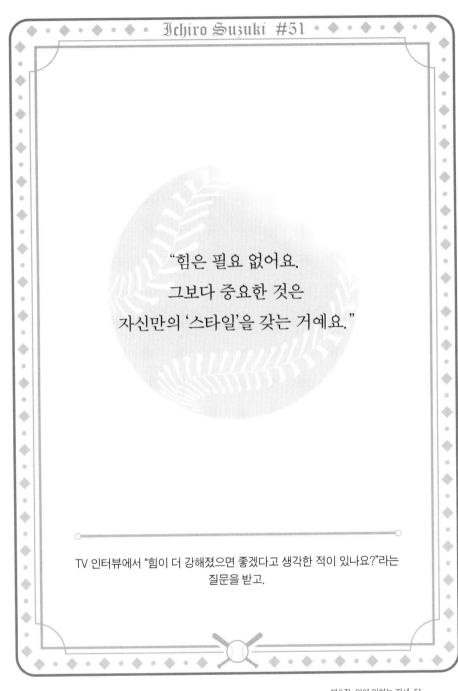

"힘은 필요 없어요.
그보다 중요한 것은
자신만의 '스타일'을 갖는 거예요."

TV 인터뷰에서 "힘이 더 강해졌으면 좋겠다고 생각한 적이 있나요?"라는
질문을 받고.

20. '인생'이라는 작품을 완성하기 위해
자신만의 스타일을 관철하라

　남의 말에 이리저리 휩쓸리지 않는 것은 냉혹한 사회에서 승리하기 위해서 반드시 필요한 요건이다. '나만의 개성을 갈고닦는다'라는 것은 자신만의 스타일을 만들고 이를 관철하는 것을 말한다. 이치로의 철학은 '이를 방해하는 것은 좌우간 제거한다'라는 한 문장으로 요약된다.

　개성이라는 원석은 나이를 한살 한살 먹어감에 따라서 세상의 풍파에 점점 표면이 깎여 둥글둥글해진다. "저 녀석은 사람이 아주 둥글둥글해졌어"라는 말은 칭찬처럼 들리지만, 사실은 그렇지 않다. 마음속에서 마그마처럼 끓어오르는 정열이 끊이지 않도록 하라. 자기 손으로 도끼를 휘둘러 마음의 벽을 깨부수고 정열의 마그마가 솟구쳐 나올 구멍을 만들어라. 이치로는 스스로 만들어낸 배트 스윙 스타일을 20년 넘게 줄곧 관철해왔으며, 지금도 진화 중이다.

　'남이 하는 무책임한 지적에 이리저리 휩쓸린 순간, 진화는 멈춘다'라고 생각해라. '타협'이야말로 성장을 막는 걸림돌이다.

　한평생을 걸고 '인생'이라는 작품을 완성하기 위해서 자신이 믿는 방식을 무슨 일이 있더라도 관철하라. 이것이 장대한 작품을 만들어내기 위한 첫걸음이다.

타협이야말로 성장을 막는 가장 큰 걸림돌이다.

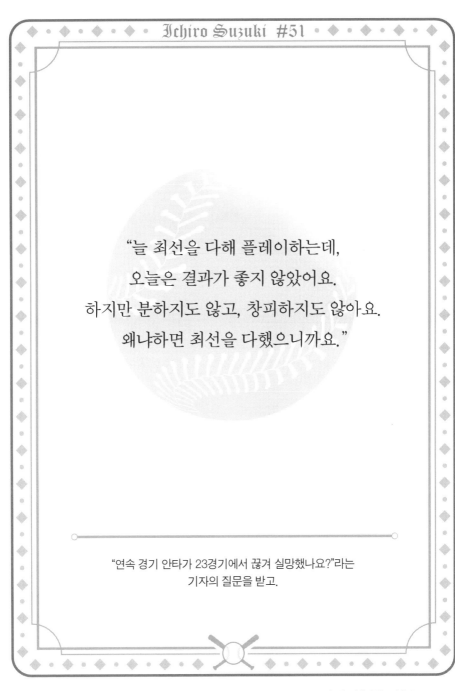

"늘 최선을 다해 플레이하는데,
오늘은 결과가 좋지 않았어요.
하지만 분하지도 않고, 창피하지도 않아요.
왜냐하면 최선을 다했으니까요."

"연속 경기 안타가 23경기에서 끊겨 실망했나요?"라는
기자의 질문을 받고.

21. '일희일비'하는 습관을 버려라

걱정을 달고 사는 사람이 있다. 결과에 늘 신경 쓰는 사람이다. 후회에서는 아무것도 생겨나지 않는다. 적어도 건설적인 사고로 이어지지 않는다. 후회란 좋지 않았던 결과에 집착하는 마음이다.

이치로는 '어떻게 하면 결과를 과정의 일부로 여길 수 있을까?' 하는 생각을 하고 또 했다. 일희일비하는 것을 멈추어라. 그것만으로도 결과에 집착하는 마음을 버릴 수 있다.

기본적으로 '일희'하는 것도 '일비'하는 것도 동일한 한 가지 사고방식에서 나온다. 말할 것도 없이 결과에 신경 쓰기 때문에 생겨나는 감정이다. 하지만 그는 '일비'하기는커녕 '일희'도 하지 않는다. 삼진 아웃이 되든 홈런을 날리든 그의 얼굴은 미동도 하지 않는다. 결과에 신경 쓰지 않고, 과정에 의식을 집중한다. 이미 벌어진 일에 신경 쓰지 않고, 지금 하는 행위에 초점을 맞춘다.

결과에 집착하고 싶지 않다면 앞으로 다가올 미래에 의식을 집중해라. 최선을 다해 눈앞에 주어진 일을 완성도 있게 마무리하기 위해 과정에 골몰하라. 그렇게 하면 당신의 마음에서 후회라는 두 글자가 놀랄 만큼 쉽게 사라질 것이다.

이미 지난 일로 후회하지 말라.

"저는 그의 대역이 아니에요.
로드리게스는 내야수이고,
저는 외야수예요.
그는 홈런 타자지만, 저는 아니에요.
저는 팬 여러분에게 있는 그대로의
제 모습으로 사랑받고 싶어요."

"시애틀 매리너스에서 텍사스 레인저스로 이적한
알렉스 로드리게스(Alex Rodriguez, 현 뉴욕 양키스 소속)의 대역을 맡게
되었는데, 부담감을 느끼나요?"라는 기자의 질문을 받고.

22. 마음의 외침 소리를 그대로 표현하라

이치로만큼 개성을 중시하는 운동선수는 찾아보기 어렵다. 개성이란 '남들 눈에 이렇게 보였으면 좋겠다'라는 생각으로 만들어낼 수 있는 것이 아니다. 자신의 존재성을 있는 그대로 진솔하게 표현할 때 내부에서 외부로 자연스럽게 솟구쳐 나오는 에너지이다.

피카소의 일화를 예로 들어보겠다. 평생 6만 점이라는 방대한 양의 작품을 남긴 피카소는 작품 활동을 계속함으로써 개성을 갈고닦았다.

이와 관련하여 그는 다음과 같이 말했다.

"내가 하고 싶었던 것을 모두 할 수 있었던 것은 내가 성공한 덕분이다."

그가 말하는 '성공'이란 자기 내부의 열정을 있는 그대로 캔버스 위에 표현하는 것, 작품을 만들어내는 행위 자체가 그에게는 성공이었던 것이다.

이치로는 공을 때리고, 달리고, 던진다. 그가 하는 일거수일투족이 그의 예술 작품이다. 자기 내부에서 끓어오르는 마음의 외침을 필드 위에 표현하는 모습을 보면 놀랄 만큼 피카소와 흡사하다.

당신 마음속에서 마그마처럼 끓어오르는 것을 느껴라. 그것을 있는 힘껏 발휘했을 때 나타나는 것이 개성이다.

자기 존재 본연의 정열을 소중히 하라.

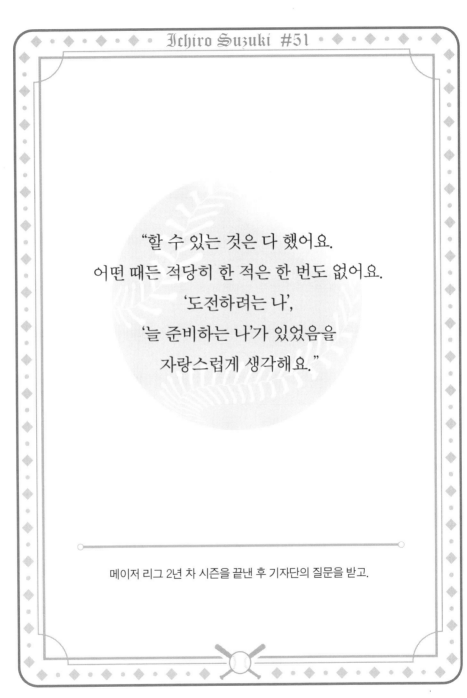

Ichiro Suzuki #51

"할 수 있는 것은 다 했어요.
어떤 때든 적당히 한 적은 한 번도 없어요.
'도전하려는 나',
'늘 준비하는 나'가 있었음을
자랑스럽게 생각해요."

메이저 리그 2년 차 시즌을 끝낸 후 기자단의 질문을 받고.

23. 불가능을 향해 돌진하는 용기를 가져라

인간에게 진정으로 불가능한 일은 없다. 불가능하다고 여기는 마음이 오히려 문제이다. 인류는 불치병을 극복해왔다. 하늘도 날 수 있게 되었다. 절대로 불가능한 일이라고 여겨지던 것들을 차례로 이루어냈다.

메이저 리그의 최다 안타 기록. 여러 가지로 환경이 변한 현대에는 80년 전에 세워진 이 기록을 깨는 것이 불가능하다고들 말했다.

이치로는 보통 사람들이 불가능하다고 생각하는 것을 향해 계속 나아간다. 예를 들어 그는 "나는 타율 10할 타자가 될 수 있다"고 진심으로 생각한다. 이 생각이 어떤 때든 적당히 하지 않게 만든다.

당신에게는 100% 불가능하더라도 그런 목표를 향해 돌진할 마음의 에너지가 있는가? 불가능하다고 여겨지는 목표를 향해 돌진하는 용기가 재능을 만들어낸다.

그러기 위해서는 스스로 한계를 짓지 말아야 한다. 절대로 불가능하다고 여겨지는 원대한 목표를 향해 자신의 재능을 있는 힘껏 내던지며 행동하라. 할 수 있는 것은 다 행동으로 옮긴 자신을 칭찬하라. 그렇게 하면 한계의 벽을 넘을 수 있다. 당신도 이치로와 같은 멋진 재능을 가지게 될 것이다.

한계를 설정하는 것은 자기의 마음이다.

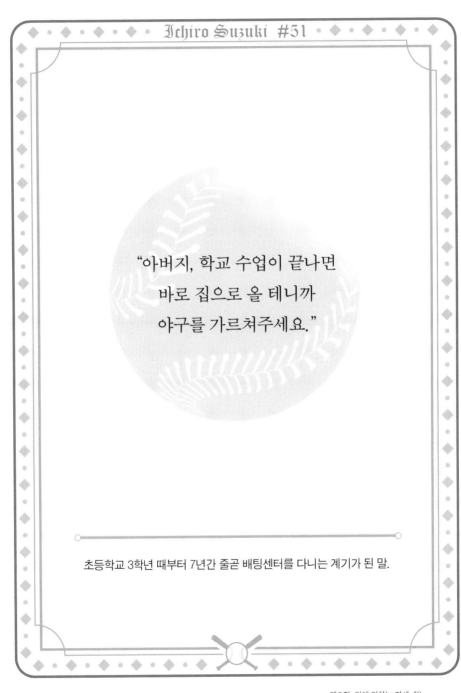

"아버지, 학교 수업이 끝나면
바로 집으로 올 테니까
야구를 가르쳐주세요."

초등학교 3학년 때부터 7년간 줄곧 배팅센터를 다니는 계기가 된 말.

24. 마음속에 주체성을 길러라

이 말에 이치로의 원점이 담겨 있다. '주체성'이야말로 위대한 일을 해내는 원동력이다. 서른 살이 된 이 위대한 선수의 마음속에서는 지금도 '그 시절 소년의 마음'이 살아 숨 쉬고 있다.

그는 어렸을 때부터 일관되게 자신의 기준에 따라서 행동했다. 초등학교 3학년 때부터 중학교 3학년 때까지 아버지 노부유키와 매일 배팅센터에서 야구 연습을 했다. 이를 지속하게 만든 것은 다름 아닌 주체성이다.

주체성이 없으면 단순한 일을 지속하기 힘들다. 바꾸어 말해 주체성만큼 행동력을 높여주는 요소는 달리 없다. 또한, 주체적으로 임한 일은 금세 익힌다.

주체성에는 이유가 필요 없다. 하고 싶으니까 한다. 공을 치는 것이 재미있어서 이치로는 아버지를 졸라 배팅센터에 간 것이다. 아버지가 이치로에게 먼저 "오늘도 배팅센터에 가자!"라고 한 적은 거의 없었다.

당신 마음속에 주체성의 싹을 쑥쑥 키워나가라. 주체성이 당신의 행동력을 키워줄 것이다.

자신의 기준에 따라서 행동하라.

"초등학생 때는 공부를 별로 하지 않았는데, 중학생이 되고 이래서는 안 되겠다 싶어서 죽어라 공부했어요. 시험 점수는 잘 나왔어요. 할 수 있는 최선을 다했거든요. 하지만 1등은 하지 못했어요. 전교 7~8등은 해도, 절대로 1등은 안 되더라고요. 그래서 '이 길은 내 길이 아니다' 하고 접었어요."

잡지 인터뷰에서 "여태까지 살아오면서 불가능하다고
생각했던 적이 있나요?"라는 질문을 받고.

25. 최고가 될 수 있는 것을 찾아라

공부로는 1등을 할 수 있을 것 같지 않아서 야구 선수가 되기로 했다는 이치로의 발상은 대단히 흥미롭다. 어릴 때는 "연예인이 되고 싶다", "프로 야구 선수가 되고 싶다", "학자가 되어서 노벨상을 받고 싶다"라고 태연하게 말한다.

부모는 "바보 같은 꿈을 좇지 말고 공부나 더 열심히 하거라"라며 나무란다. 사실 어린아이가 꾸는 꿈이야말로 사람의 본성이다. 어린아이에게는 '발매하는 노래마다 히트 치는 가수가 되고 싶다'거나 '세계 최고의 요리사가 되고 싶다'는 원대한 꿈이 있었는데, 어른이 되면 보란 듯이 그 꿈이 사라져버린다.

꿈이 터무니없고 실현 불가능해서 포기하는 것이 아니다. 주변 사람과 동화되기 위해서 포기하는 것이다. 어른이 되고 익힌 상식이 그 사람의 가능성을 빼앗아간다.

이치로는 어릴 때 품었던 순수한 꿈을 지금까지 가지고 있는 몇 안 되는 어른이다. 여섯 살 때 꿈꾸었던 숭고한 인생의 상을 서른 살이 넘었음에도 그 모습 그대로 가지고 있는 것 또한 큰 재능이다.

어린 시절의 꿈이야말로 그 사람의 본성이다.

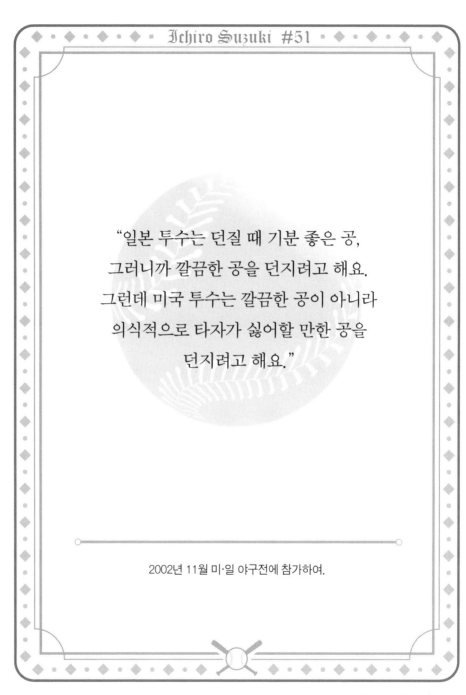

"일본 투수는 던질 때 기분 좋은 공,
그러니까 깔끔한 공을 던지려고 해요.
그런데 미국 투수는 깔끔한 공이 아니라
의식적으로 타자가 싫어할 만한 공을
던지려고 해요."

2002년 11월 미·일 야구전에 참가하여.

26. 전력을 다해 개성을 발휘하라

일본인은 어릴 때부터 교과서대로 하는 것이 중요하다고 배운다. 그래서 창조성이 봉인되어버렸다.

서구 문화권에서는 '모난 돌이 정 맞는다' 같은 속담을 거의 찾아볼 수 없다. 그들은 개성을 발휘하는 것을 당연히 여기고, 자기주장이야말로 그 사람의 존재 이유라고 생각한다.

이 세상에서 당신은 유일무이한 존재라는 것을 더 진지하게 생각해보라. '나는 나 자신을 표현하기 위해서 이 세상에 태어났다'라고 생각해보는 것이다. 앞으로 다가올 미래에는 누가 더 개성이 있는가로 승부가 날 것이다. 메이저 리그에서도 일류 선수일수록 개성있는 자세와 동작을 한다. 평범한 사람이 일류 선수가 되지 못하는 것은 재능이 없기 때문이 아니다. 개성이 없기 때문이다.

예를 들어 이치로는 기본적인 스윙법만 남기고, 그 외에는 새로 발견한 것을 탐욕적으로 자신의 야구에 도입했다. 그 결과, 스윙이 점점 기본형과 달라졌다. 이것이 위대한 타자가 될 수 있었던 큰 요인이다. '개성을 갈고닦는다'라는 것은 그런 것이다.

기본은 남기면서도 탐구는 계속하라.

"거의 본 적 없는, 내셔널 리그의 최고 투수가
던지는 제1구 혹은 퍼스트 스트라이크는
보나 마나 최고의 공일 거예요.
'나는 지금 그런 사람이 던지는 공을 치려고
기다리고 있고, 하물며 그 공을 칠 수도 있다'라는
자신감을 가지기 위해서
굳이 배트를 휘두르러 나가는 거예요."

2003년 올스타전 첫 타석에서 내셔널 리그의 선발
마이크 슈미트(Mike Schmidt)의 초구를 친 것에 대한 감상.

27. 웃으며 실패할 수 있는 자세를 길러라

어려운 일로부터 달아나서는 안 된다. 사람들이 꽁무니를 빼는 일에 도전하라. 어려운 일이 그 사람을 성장시킨다. 일의 농도가 그 사람의 경험치가 된다.

자신감은 약하지만, 신념은 강하다. 자신감은 결과가 나오면 그제야 생긴다. 하지만 신념은 실패하든 좌절하든 변하지 않는다.

일이 좀 뜻대로 되었다고 금세 자신감 과잉이 되는 것은 위험한 일이다. 쉽게 자신감을 가지면 일이 뜻대로 되지 않았을 때 즉시 의기소침해진다. 좌절하는 것이 습관이 된다. 즉, 신념 없이는 진정한 자신감이 생기지 않는다.

먼저 신념을 가지고 일하라. 성공하든 실패하든 신념은 불변한다. 신념이 있으면 실패를 두려워하지 않는다. 신념을 소중히 간직하며 묵묵히 목표를 향해 계단을 하나씩 올라가는 것, 이것이 사람을 위엄 있고 당당하게 만든다.

신념에 밑바탕이 될 때 비로소 진정한 자신감이 마음속에 싹튼다. 이치로가 말한 '자신감'이란 그런 것이다.

신념을 가지고 일에 몰두하라.

"평소에 제 이야기를 좀체 하지 않는 것은 변명으로 들리기 때문이에요. 특히 '벽 만들기' 작업은 무척 내면적인 작업이라서 설명한다고 해도 진의가 제대로 전달될지 어떨지 알 수 없어요. 어떻게 받아들여질지 알 수 없는 이야기는 입 밖으로 꺼내지 않고 행동으로 보이는 편이 나아요."

잡지 인터뷰에서 "전지훈련에서 '벽'을 만드는 중에는 센터의 왼쪽 방향으로만 공을 쳤고, 감독이 이유를 몰라 걱정했음에도 구태여 설명하지 않았다는 건가요?"라는 질문을 받고.

28. 변명과 결별하라

변명이야말로 성장을 방해하는 적이다. 변명은 실패하기 전부터 머릿속에서 자라기 시작한다. 변명거리를 생각할 때부터 사람은 실패하기 위한 행동을 취하기 시작한다.

의식 속에 있는 '성공하려는 나'와 잠재의식 속에 있는 '또 하나의 나'가 언제나 동조하는 것은 아니다.

어떤 행동을 취할까 말까 하고 망설인다는 것은 두 명의 당신이 마음속에서 주도권 쟁탈전을 벌이고 있다는 증거이다. 그 결과, 대부분 잠재의식이 행동의 주도권을 잡는다.

변명거리를 생각하면 잠재의식 속에 있는 또 한 명의 당신이 실패하기 위한 행동 프로그램을 작성하기 시작한다. 그래서 대개 당신의 행동은 실패로 끝난다. 변명하는 말을 입에 담아서는 안 된다. 왜냐하면 아무리 당신이 성공하기를 원하더라도 변명하면 당신의 잠재의식이 행동의 주도권을 잡아서 실패를 향해 돌진하는 운명을 맞이하기 때문이다.

위기에 처했을 때 변명이 머릿속에 떠오르더라도 꼭 참고 변명을 삼켜버려라. 그렇게 하면 성공으로 향하게 된다.

잠재의식이 당신의 운명을 정한다.

"다른 1번 타자에 대해서는 잘 몰라서요. 네? 선수들 중에서 제가 (볼넷 수가) 가장 많다고요? 그렇군요. 뭐, 상대로서도 싫겠죠. 무슨 일이 있더라도 공을 쳐내니까. 제가 감독이라도 저 같은 타자는 싫어요(하하). 하지만 1번 타자는 팀의 얼굴이어야 하고, 우습게 보여서도 안 된다고 생각해요."

2002년 5월 3일 대(對)양키스전에서 시즌 일곱 번째 볼넷으로 1루로 진루함으로써 볼넷 수로 아메리칸 리그에서 정상을 찍은 후 인터뷰에서.

29. 적이 싫어할 만한 존재가 되어라

적이 싫어하는 존재, 즉 이는 적에게 인정받았다는 뜻이다. 자신을 억누르고 상대방에게 맞추며 상대방 마음에 들려고 하는 것은 확실히 편한 삶의 방식이지만, 이렇게 살아서는 결코 성장할 수 없다.

이치로는 스스로 확인한 것 외에는 절대로 믿지 않는다. 그래서 코치의 무책임한 이론에도 귀 기울이지 않고, 이해되지 않는 남의 의견에도 좌우되지 않는다. 오로지 자신의 오감과 직감을 믿으며 진화를 목표로 나아간다. 자신의 신념이 중요하다. 상대방의 심기를 살피는 행위는 불필요하다.

자신감이 있으면 주위에 맞출 필요가 없다. 자신감이야말로 인생을 성공으로 이끄는 최고의 '마음 가솔린'이다.

자신감을 키우고 싶다면 이치로처럼 본인의 장점을 당당하게 말하는 습관을 들여라. 펜실베이니아대학교 심리학과 연구팀의 연구를 통해서도 '말로 자신감을 표현하는 선수는 그렇지 않은 선수보다 훨씬 좋은 경기 성적을 올린다'는 것이 밝혀졌다.

남에게 미움받을 것을 두려워하지 말고 자신이 믿는 길을 걸어 나가라. 그리고 사람들이 당신을 꺼리면 당신이 성장했다는 증거라고 생각하라.

자신의 장점을 당당하게 말하라.

"아무리 힘들어도 포기하려고 한 적도 없고,
포기했던 적도 없어요.
매번 최선을 다하려고 했고,
그런 마음가짐이
저를 든든하게 뒷받침해주었어요.
제가 어떤 상황이든
팀이 어떤 상황이든
동기가 저하되었던 적은 없어요."

2004년 10월 1일, 조지 시슬러의 시즌 합산 257안타 기록을 깬 후
인터뷰에서.

30. 내재적 동기를 마음속에 키워라

동기에는 두 가지 종류가 있다. 외재적 동기와 내재적 동기이다. 외재적 동기의 대표적인 예로는 월급, 직함, 권한 등을 들 수 있다. 외재적 동기에 의해 사람은 간단하게 움직인다. 하지만 외재적 동기의 결정적인 단점은 즉효성은 있으나 지속성이 없다는 것이다.

연봉이 순조롭게 올라갈 때는 의욕이 유지된다. 하지만 보수가 한계 상한선에 도달하면 순식간에 동기가 저하된다. 결국, 연봉을 더 올리지 않는 한 동기는 올라가지 않는다. 이것이 외재적 동기의 한계이다.

한편, 내재적 동기는 '호기심'이나 '집요함' 같은 것이다. 일에서 이러한 것이 싹트면 그 즉시 내재적 동기가 올라가서 일과 관련된 모든 것이 재미있어진다.

이치로는 24시간 내내 야구 생각을 한다. 안타를 한 번이라도 더 날릴 힌트를 늘 찾는다. 설령 배트를 손에 들지 않았더라도 짬이 나면 머릿속으로 배트를 휘두른다.

자기 나름대로 궁리하여 일을 재미있게 만들어나가라. 이것이 내재적 동기를 높이는 유일한 방법이다.

월급 때문에 생긴 동기는 오래 유지되지 않는다.

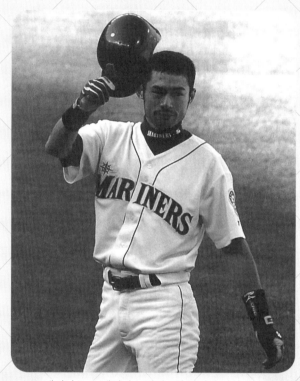

매리너스 vs 레인저스 경기 8회 마지막 타석에서
시즌 262번째 안타를 친 매리너스의 이치로 외야수가 1루에서
팬들의 기립 박수에 감사를 표하는 모습(시애틀의 세이프코 필드). 2004. 10. 3.

제**4**장
역경에서 얻는 교훈

"덩치가 큰 것에 큰 의미는 없어요. 저도 메이저 리그에서는 작은 편에 속해요. 그래도 이런 기록을 세웠어요. 멀리 날려 보내는 힘은 균형과 몸을 올바르게 사용하는 것에서 나와요. 그러니까 몸집이 작은 아이가 몸이 크지 않으면 안 된다는 착각으로 가능성을 없애지 않았으면 해요."

2004년 10월 1일, 조지 시슬러의 시즌 합산 257안타 기록을 깬 후 인터뷰에서.

31. 핸디캡을 가진 사람일수록 큰일을 해낸다

자신의 핸디캡을 힘으로 바꾸어라. 이치로의 입장에서 보면 그의 인생은 끝없는 핸디캡과의 싸움이었다고 할 수 있다.

어렸을 때부터 프로 야구 선수가 되기에는 키가 너무 작다는 말을 들었다.

고시엔 구장에 두 차례 출전했지만, 두 번 모두 1회전밖에 뛰지 못했다. 드래프트에 4위로밖에 지명되지 않았다. 오릭스 시절에 처음 2년간은 1군에 속하지 못했다.

핸디캡은 성장의 에너지가 된다. 많은 위대한 인물이 역경을 용수철 삼아 큰일을 해냈다. 순풍에 돛 단 듯이 순조로운 상황만큼 사람을 나태하게 만드는 것은 없다. 사실 순조로울 때일수록 그 후에 뒤따를 위기에 대비해야 한다.

주변 사람들이 그에게 '몸집이 작다'고 몇십 번, 몇백 번이나 말했다. 이 핸디캡에서 '무슨 일이 있더라도 보란 듯이 프로 야구 선수가 되겠어'라는 반항심을 생겨났고, 이것이 그를 위대한 타자로 만들었다.

핸디캡을 가진 사람이 위업을 이룬 사례는 찾아보면 세상에 얼마든지 있다.

순조로운 상황은 사람을 나태하게 만든다.

"저에 대해 그런 생각들을 가지고 계시더라고요. '개인의 힘을 넘어서는 신비로운 힘이 작용한다. 칠 수 없는 공도 쳐낸다'라고. 그래서 저는 슬럼프일 때 최상의 컨디션이 나와요. 야구 감각이 현저하게 저하되었을 때만 최상의 컨디션이 나올 수 있어요."

TV 인터뷰에서 "이치로 씨도 슬럼프에 빠질 때가 있나요?"라는 질문을 받고.

32. 불리한 상황을 어떻게 해서든지 에너지로 바꾸어라

"슬럼프일 때 최상의 컨디션이 나와요"라는 일견 모순된 논리를 만들어냄으로써 이치로는 끊임없이 진화했다.

마음처럼 잘되지 않는 상황이 계속될 때 많은 사람이 어떻게든 그 상황으로부터 도망치려 한다. 눈앞에 인생을 성공으로 이끌 힌트가 굴러다니는데도, 그것이 보이지 않는다. 결국, 비약할 기회를 놓치고 만다. 마음처럼 잘될 때는 아무것도 생각할 필요가 없다. 그저 같은 일을 하던 대로 반복하면 된다. 순풍에 돛 단 듯이 순조롭게 잘 풀리는 상황에서는 배울 것이 아무것도 없다.

평범한 타자는 4타석 무안타로 5타석째를 맞이하면 무척 나쁜 심리 상태로 타석에 서게 된다. 아직 기회가 한 번 더 남았음에도 '오늘은 아무래도 안타를 못 칠 것 같아'라는 부정적인 생각에 사로잡힌다. 그래서 결국 안타를 치지 못한다.

한편, 이치로는 '4타석 무안타' 후에 5타석째를 맞이하더라도 결과를 내러 나간다. '슬럼프일 때가 최상의 컨디션일 때야'라는 생각이 집중력을 점차로 높여준다.

'나쁜 상황일수록 집중력이 높아지고 불타오른다'라고 마음속으로 반복하여 말하라. 이렇게 하는 것만으로도 당신은 간단하게 성공에 도달할 수 있다.

슬럼프 속에 비약할 기회가 숨어 있다.

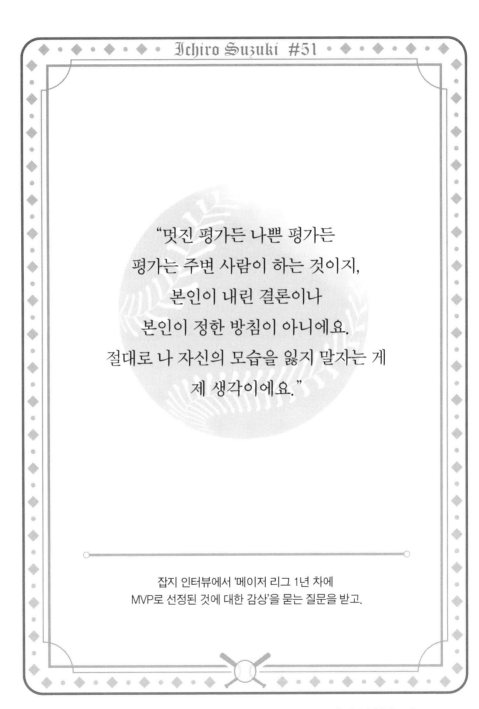

"멋진 평가든 나쁜 평가든
평가는 주변 사람이 하는 것이지,
본인이 내린 결론이나
본인이 정한 방침이 아니에요.
절대로 나 자신의 모습을 잃지 말자는 게
제 생각이에요."

잡지 인터뷰에서 '메이저 리그 1년 차에
MVP로 선정된 것에 대한 감상'을 묻는 질문을 받고.

33. 눈앞의 일을 '자신을 갈고닦을 수단'으로 여겨라

'내가 지금까지 해온 일은 잘못되지 않았다'라는 이치로의 자긍심이 이 말에 나타나 있다.

'인생은 한 번뿐. 삶의 중심축을 유지하며 오로지 꿈을 향해 내달리겠어!'라고 생각할 수 있다면 타인의 평가에도 냉정하게 대응할 수 있다. 그리고 '어떤 평가든 받아들이자'는 마음가짐을 가질 수 있다.

눈앞의 일을 '자신을 갈고닦을 수단'으로 여겨라. 일에 전력투구함으로써 자신의 재능을 갈고닦을 수 있다고 생각하면 위기도 즐기게 된다.

그런 의미에서 보면 성과가 나지 않는 것이 꼭 나쁜 것은 아니다. 일과 악전고투함으로써 자신을 갈고닦을 수 있기 때문이다. 위기 상황일수록 자신과 깊은 대화를 나누게 되고, 높은 레벨의 시행착오를 반복하게 된다. 그 결과, 위기에 대한 면역력도 강해지고 사태도 곧 호전된다.

사실 이치로는 이와 같은 행동 패턴을 반복하기 때문에 슬럼프가 단기간에 끝나고, 반드시 그 뒤에 경이로운 안타 수를 기록하는 시기가 도래한 것이다.

'어떤 평가든 받아들이자'고 생각하며 눈앞의 일에 최선을 다한다면 당신은 착실하게 진화의 길을 걸어나가게 될 것이다.
성과가 나지 않는 것이 꼭 나쁜 것은 아니다.

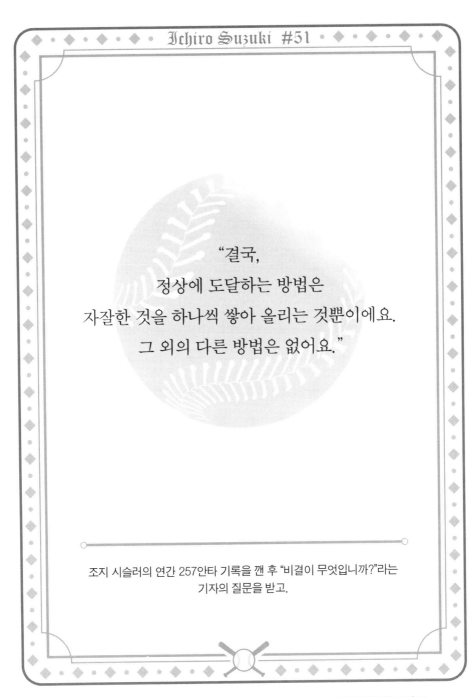

"결국,
정상에 도달하는 방법은
자잘한 것을 하나씩 쌓아 올리는 것뿐이에요.
그 외의 다른 방법은 없어요."

조지 시슬러의 연간 257안타 기록을 깬 후 "비결이 무엇입니까?"라는
기자의 질문을 받고.

34. '패배는 승리의 시작점'이라고 생각하라

큰 성공을 이루기 위해서는 시간이 걸린다는 것을 늘 기억하라. 작은 것을 쌓아 올리는 꾸준함이 위대한 업적을 이루게 한다.

이치로가 세운 연간 262안타 기록도 안타 하나하나가 쌓인 결과이다.

안타깝게도 많은 사람이 성공까지 앞으로 한 걸음이 남은 시점에 일을 내팽개쳐버린다. 승부에서 졌을 때가 정말로 패배한 때가 아니다. '패배야말로 승리의 시작점'이라고 생각하라. 포기할 때가 정말로 패배한 때이다.

이는 스포츠뿐 아니라 비즈니스에서도 마찬가지다. 인생을 성공으로 이끌고 싶다면 초조해하지 않으며 하나씩 정성스럽게 쌓아 올리는 수밖에 없다.

시간이 걸리는 습득 과정을 즐길 수 있게 되었다면 어엿한 어른이 된 것이다. 일이라는 것은 꾸준히 하면 눈에 보이지 않더라도 성공을 향해 나아가기 마련이다. 성과가 눈이 보이지 않는다고 포기해서는 안 된다. 결국, 성공을 쟁취하는 소수의 사람은 재능 있는 사람이 아니라 끈질기게 버틴 사람이라는 것을 명심해라.

포기하는 순간 패배하는 것이다.

"제가 생각하는 슬럼프는
'이거다!' 하는 감각을
파악하지 못한 상태를 말해요.
결과가 좋지 않은 것을
슬럼프라고 생각하지는 않아요."

잡지 인터뷰에서 '슬럼프'에 관한 질문을 받고.

35. '슬럼프'라는 말을 쉽게 입에 담지 말라

일반적으로는 결과를 내지 못하는 상태를 슬럼프라고 말한다. 타자로 말하자면 안타를 날리지 못하고 범타를 반복하거나, 강타자임에도 몇 경기 동안 한 번도 홈런을 날리지 못할 때 미디어는 예외 없이 슬럼프라는 말을 쓴다. 이치로라고 하더라도 타석에 여러 차례 오르는 동안 안타를 한 번도 날리지 못하는 상태가 지속될 때가 있다. 안타를 날리는 것이 당연한 선수이기 때문에 두 번의 경기에서 무안타를 기록하면 그것만으로도 미디어가 야단법석을 떤다.

하지만 원인을 자각하고 있다면 이는 슬럼프가 아니다. 아니, 진지하게 원인을 규명하려고 애쓰는 상태를 슬럼프라고 불러서는 안 된다. 이렇다 할 생각도 고생도 하지 않았음에도 좋은 결과가 나오다가 어느 날부터 좋은 결과라는 행운이 따르지 않게 되었을 때 이를 슬럼프라고 불러야 하지 않을까? 무엇인가를 탐구하면 반드시 나날이 새로운 발견을 한다. 결과로 이어지지 않더라도 이러한 상태를 슬럼프라고 부를 수는 없는 법이다.

대단한 노력도 하지 않았으면서 금세 슬럼프라는 말을 입에 담는 사람이 있다. 이러한 사람은 인생에서 성공할 수 없다.

성과가 나지 않는 시기에는 당연히 힘들다. 하지만 태양이 떠오르지 않는 영원한 밤이 없는 것처럼 포기하지 않고 최선을 다하면 반드시 슬럼프에서 탈출할 수 있다.

결과가 좋지 않더라도 원인을 안다면 슬럼프가 아니다.

"헛스윙을 하든 삼진 아웃이 되든 일희일비하지 않는 것이 중요해요. 그런 일로 이제는 글렀네, 틀렸네 하고 생각하면 다음번 타석에 설 수 없어요. 설령 3타석에서 실패하고 4타석에서 실패하더라도 '다음번'에 도움이 될 힌트를 찾아야 해요. 그렇지 못하면 상대편 좋은 일만 하는 거예요. 삼진을 당하더라도, 아웃되더라도 그 투수의 공을 쳐낼 '무언가'를 찾아내면 되는 것이지, 타석에 설 때마다 이겼네, 졌네 하며 들뜨지 않으려고 늘 조심해요."

잡지 인터뷰에서 "이치로 씨는 투수의 공을 타석마다가 아니라 게임 전체로 파악한다는 이야기를 들었습니다만…"이라는 질문을 받고.

36. 실패할수록 씩씩해져라

미국을 대표하는 심리학자 마틴 셀리그먼(Martin Seligman) 박사는 "낙관이나 비관은 성공이나 실패를 스스로 어떻게 해석하는가에 달려 있다"라고 말한다.

비관주의자는 약간의 위기만 닥쳐도 바로 포기해버린다. '실패는 성공을 위한 워밍업'이다. 설령 실패하더라도 '다음에는 반드시 성공하겠어!'라며 의욕을 불태워라. 비관주의자와 낙관주의자를 나누는 것은 위기의 내용이 아니다. 위기를 어떻게 파악하는가에 따라서 나누어진다.

예를 들어 컵에 물이 절반만큼 들어 있다고 하자. '절반이나 남아 있네'라고 생각하는 사람은 낙관주의자이고, '절반밖에 남지 않았네'라고 생각하는 사람은 비관주의자이다.

이치로는 범타를 칠수록 기운이 넘친다. 혹은 범타를 칠수록 '다음 타석에서 안타를 날릴 확률이 높아졌다'라고 생각한다.

낙관주의자는 언제나 "…할 수 있다"라고 말한다. 반면, 비관주의자는 "…못 한다"라고 자주 말한다. 사고가 행동을 컨트롤하므로 입버릇처럼 "…할 수 있다"라고 말하는 습관을 들여라. 이렇게 하는 것만으로도 당신은 간단하게 낙관주의자의 대열에 합류할 수 있다.

무슨 일이든 낙관주의로 임하라.

"스위트 스폿(최적 타구점)이 좁아요. 사용하기도 어렵고, 가늘어요. 사람들이 흔히 착각하는데 '배트가 두꺼워야 공이 잘 맞는다'라고 생각해요. 그런데 공을 많이 맞으면 타구 실패도 많아져요. 그야, 배트가 굵으면 번트할 때는 좋을 수도 있지만, 일반적으로 칠 때는 공이 닿으면 안 되는 곳에 닿을 가능성도 커져요. 저는 그게 싫거든요. 확실하게 공을 치고 싶어서 가느다란 배트를 사용하는 거예요."

잡지 인터뷰에서 '가느다란 배트를 사용하는 것'에 관한 질문을 받고.

37. 이치로에게 배우는 역발상

배트가 굵으면 공이 잘 맞는다. 이는 당연한 사실이다. 하지만 맞는다는 것은 그만큼 타구 실패도 늘어난다는 뜻이다. 확실하게 공을 쳐내고 싶어서 가느다란 배트를 사용하는 것이다.

또 사용하기 어려운 배트를 사용하면 공에 대한 집중력도 올라간다. 여기에서 이치로의 역발상을 엿볼 수 있다.

예를 들어 골프나 테니스에서도 초심자는 스위트 스폿이 넓은 골프채와 라켓을 선택한다. 하지만 실력이 뛰어난 상급자일수록 스위트 스폿이 좁은 도구를 선택한다. 스위트 스폿이 좁으면 완벽하게 배트의 중심으로 쳤을 때 머릿속으로 이미지를 그린 이상적인 샷을 날릴 수 있다. 하지만 스위트 스폿이 넓으면 배트의 중심에 맞았을 때 오차가 발생하여 샷을 이미지대로 컨트롤할 수 없다.

이치로가 가느다란 배트를 사용하는 또 다른 이유는 잘못 때린 공이 날아가는 것을 원치 않기 때문이다. 배트가 가늘면 잘못 친 공이 필드로 날아가지 않고 파울이 된다.

관점을 조금만 바꾸면 사안의 심연에 좀 더 깊이 다가갈 수 있다.

관점을 바꾸면 해결책이 보인다.

"이만큼 안타를 치기 위해서는
그보다 훨씬 많은 범타를 쳐야 해요.
겉으로 드러나는
2,000안타라는 숫자가 아니라
그보다 훨씬 많은 분했던 경험이
저한테는 무게감 있게 다가와요."

'2004년 5월 21일 시애틀에서 13년 차, 30살 나이에
미·일 합산 2,000안타를 기록한 것에 대한 감상'을 묻는 질문을 받고.

38. 뜻대로 잘되지 않았던 일에 의식을 집중하라

프로 생활 3년 차에 210개의 안타를 날리고 처음으로 수위 타자 타이틀을 획득했을 때 이치로는 다음과 같이 말했다.

"여러분은 타율 3할 8푼을 긍정적으로 평가해주시지만, 제 마음 속에는 아직 6할 이상의 미스가 있어요. 미스를 조금이라도 줄여나 가는 것이 앞으로의 목표예요."

그는 뜻대로 잘된 일에는 조금도 관심을 보이지 않는다. 뜻대로 잘되지 않은 일에 의식의 초점을 맞추고 스스로 납득할 만한 결과 인가 아닌가를 철저하게 파고든다.

자신이 한 행동을 하나부터 열까지 사실로 받아들이고, 스스로 납 득할 수 없는 스윙을 뒤돌아본다. 납득할 수 없는 스윙을 하나라도 줄이는 것에 전력을 쏟아부음으로써 성장을 반복했다.

'실패'로 결론 난 일 속에 비약할 힌트가 숨어 있다. 비즈니스 계약 의 경우에도 최선을 다하지 않았음에도 체결될 때도 있고, 최선을 다했음에도 체결되지 않을 때도 있다.

뜻대로 잘되지 않은 일에 초점을 맞추고 원인을 깊이 탐색하라. 이러한 사고방식을 가지고 일에 몰두한다면 당신은 착실하게 성장 해나갈 것이다.

실패에 초점을 맞추고 원인을 분석하라.

"21타석(18타수) 무안타였는데,
사실 그중에서 12타석은
안타를 날릴 수 있을 거라고 느꼈었어요.
근소한 타이밍 차이로
그 12타석에서 안타를 날리지 못한 거죠.
안타를 날리지는 못했지만,
저의 감각에 문제가 생긴 것은 아니어서
초조하지 않았어요."

잡지 인터뷰에서 '2001년 올스타전 후
성적이 부진한 시기가 지속되었던 것'에 관한 질문을 받고.

39. 밀리미터 단위의 오차를 감지하라

이치로는 언제나 감각을 시퍼렇게 날 세우고 배트를 휘두른다. 그래서 근소한 차이에도 민감하게 반응한다. 비유적으로 말하자면 평범한 타자가 센티미터 단위로 식별하는 것을 밀리미터 단위로 감지하는 것이다.

그만큼 예민한 감각을 가졌기 때문에 미스의 원인도 파악하는 것이다. 원인을 알면 이를 수정하면 되므로 초조한 마음이 들지 않는다.

현재 그는 안타 대부분을 어떻게 안타를 날릴 수 있었는지 설명할 수 있다고 한다. 몸으로 느낀 바를 머리로 반추하고, 이를 다시 몸에 피드백한다. 몸으로 느끼는 것은 핀트가 미세하게 엇나갔을 때 원상으로 복구하기 어렵다. 하지만 움직임을 제대로 이론화해두면 수정도 쉽다.

먼저 철저하게 연습하여 숙련된 기술을 몸에 익힌다. 그리고 기술을 머릿속으로 정리하여 계통을 세워 이론화한다. 여기에 머리로 생각하고 몸으로 실천한 아이디어를 추가하면 거듭 진화할 수 있다.

의식을 집중하여 지극히 미세한 차이도 파악할 수 있을 만큼 민감해져라. 그 미세한 차이가 범재와 천재를 나눈다.

몸과 머리의 둘 다 쓰며 기술을 연마하라.

"1999년 4월 11일 일요일, 나고야 돔 구장에서 열린 세이부 라이온스전 때예요. 3연전의 마지막 경기 9회에서 선두 타자였는데, 구원 투수로 등판한 니시자키 선수가 묵직한 공을 던졌는데, 2루 땅볼이 되고 말았어요. 특히 좌완 타자의 경우에는 2루수의 오른쪽으로 가는 2루 땅볼이 최악이에요. 2루수보다 센터 쪽으로 가깝게 가는 2루 땅볼은 그나마 나아요. 아무튼 저의 2루 땅볼은 최악이었는데, 다음 순간에 거짓말처럼 눈앞이 밝아졌어요. '아아! 이거구나!' 하는 생각이 들었어요. 지금까지 찾고 있던 타이밍과 몸동작이 한 순간에 파악되었어요. 막연한 이미지가 아니라 머리와 몸으로 완벽하게 이해할 수 있었어요."

잡지 인터뷰에서 "1999년에 어떤 특별한 감각을 파악한 순간이 있었다는 이야기를 들었습니다만…"이라는 질문을 받고.

40. 과제를 머릿속에 넣고 업무에 몰두하라

'이제 알겠다!'라는 감각은 실패를 반복하는 과정에서 갑자기 알게 되는 법이다. 단, 아무런 준비 없이 무턱대고 생각만 한다고 번뜩임은 찾아오는 것은 아니다.

머릿속에 자신이 해결해야 하는 과제를 정확하게 입력하고 일하라. 그리고 미해결 문제와 격투하는 것을 즐겨라. 그렇게 하면 어느 날 갑자기 번뜩이는 깨달음을 얻게 된다.

기회는 당신의 눈앞을 아무런 예고도 없이 빠른 속도로 지나간다. 그렇기 때문에 기회를 잡을 수 있도록 준비하고 있지 않으면 기회는 눈 깜짝할 사이에 지나가 두 번 다시 찾아오지 않는다.

이치로는 언제나 자신만의 과제를 가지고 감각을 예민하게 세우고 타석에 선다. 그래서 전율처럼 온몸에 흐르는 한순간의 진화할 기회를 놓치지 않은 것이다.

벽에 부딪혔다면 이것은 전조이다. 벽에 부딪히지 않으면 깨달을 수 없는 것이 있다.

벽은 튕겨 나올 대상이 아니라 격파할 대상이다. 벽에 부딪혔다면 후퇴할 것이 아니라 어떻게 해서든지 벽 너머로 나아갈 방법을 모색하라. 벽 너머에서 위대한 진실이 기다리고 있다.

문제의식을 가지고 계속 생각하면 어느 순간 번뜩이는 깨달음을 얻게 된다.

"공을 친 순간에 무언가가 퍼뜩 떠올라, 1루까지 뛰어가는 동안에 그때의 폼을 머릿속으로 역으로 재생해보았어요. 공을 친 후의 팔 동작, 배트에 공이 맞은 순간, 스윙 개시 위치… 하는 식으로 스윙 폼을 거꾸로 되감기해보았어요. 그랬더니 실제의 폼하고 머릿속 이미지의 폼하고 겹쳐 보여서 어느 부분이 어긋나 있는지 정확하게 알 수 있었어요. 사실은 이렇게 하고 싶었는데 이 부분이 달랐구나. 그래서 제대로 날아가지 않았구나. 그런데 이렇게 뇌로 파악하기 전까지는 공을 보는 방식과 몸을 쓰는 방식이 완벽하다고 믿고 있었어요. 그날 본 이미지는 오랫동안 찾던 거예요. 그야말로 쌓여 있던 노폐물이 몸에서 싹 빠져나간 것처럼 얼마나 상쾌했는지 몰라요."

잡지 인터뷰에서 "니시자키 투수가 던진 공을 2루 땅볼로 만든 후에 깨달았다는 감각에 대해 설명해주시겠어요?"라는 질문을 받고.

41. 실패했음에 감사하라

실패와 슬럼프를 통해 이치로는 계속 진화했다. 실패와 슬럼프 속에 숨어 있는 성장의 힌트를 찾는 안테나의 민감도를 필사적으로 높여왔다.

잘되었을 때는 담담하게 흘려보낸다.

생각해보면 성공은 달성한 순간 그 역할이 끝난다. 한동안 성공한 순간에 잠겨 있는 것도 좋을 것이다.

단, 성공했으면 "한 건 해냈다!"라며 기뻐하고, 그 후에는 되도록 빨리 성공과 이별하고 기분을 전환하라.

그는 실패했음에 감사할 수 있는 사람이다. 실패했음에 감사하고, 원인 규명을 즐기는 것이 그의 강점이다. 그의 취미는 머릿속으로 몇 번이고 영화를 관람하듯이 자신의 폼을 바라보는 것이다. 그는 공을 칠 때만 야구를 하는 것이 아니다. 24시간 내내 머릿속으로 야구를 한다. 그래서 다른 선수는 상대가 되지 않는 것이다.

당신이 어떤 분야의 프로라면 틈날 때마다 머릿속으로 해당 분야와 관련된 일을 생각하는 것을 취미로 삼아라. 그것이 눈앞의 일에서 프로가 되는 지름길이다.

되도록 빨리 성공과 이별하라.

애슬레틱스 VS 매리너스 경기 1회, 허드슨이 던진 공을 쳐서
갑자기 오른쪽 중앙으로 2루타를 날리고 1루를 도는
매리너스의 이치로 외야수(캘리포니아주 오클랜드 네트워크 어소시에이츠 콜리세움). 2004. 9. 28.

[제**5**장
목표에 도전하는 심리]

"즐기면서 하라고 말하는 사람이 많은데, 저는 즐기라는 것이 무슨 말인지 모르겠어요. '즐긴다'라는 것은 결코 야구를 웃으면서 하는 것이 아니라 충만감을 느끼며 하는 거라고 저 나름대로 해석하고 지금까지 그렇게 했지만, 충만감을 느끼는 수준에 도달하기까지는 도저히 '즐기면서 한다'라고 표현하기 힘들거든요."

2004년 10월 1일, 조지 시슬러의 시즌 합산 257안타 기록을 깬 후 인터뷰에서.

42. '최선'이나 '열심히'라는 말을 지워라

스포츠 선수가 "있는 힘껏 즐기고 오겠습니다"는 말을 남기고 필드로 나간다. 이는 중압감과 친해지는 하나의 현명한 방법이다. 하지만 진지하게 경기에 임하는 동안 그들의 표정은 하나같이 험악하다. 입은 굳게 다물고 있고, 눈꼬리는 올라간다. 이치로가 투수를 노려볼 때의 표정도 딱 이렇다.

"노력하겠다"거나 "열심히 하겠다"는 것은 편리한 말이다. 오늘날과 같은 경쟁 사회에서 노력하지 않는 선수와 최선을 다하지 않는 선수는 애당초 경기장에 입장조차 하지 못한다.

이치로는 '최선을 다해 일하는 것은 최저 마지노선으로, 구태여 입에 담을 만한 이야기도 아니다'라고 생각한다. '노력한다'거나 '열심히 한다'라는 의식이 있는 한 아직 낮은 차원에서 싸우고 있는 것이다.

그런 생각이 마음에서 사라지고 자연스럽게 눈앞의 일에 전념하게 되면 그제야 어엿하게 한 사람 몫을 하는 것이다.

'욕망'과 '자아'를 버리고 오로지 과정 속에서 최고의 성과를 추구하라. 이 경지에 도달하고 나서야 비로소 큰일을 해낼 수 있다.

자아가 사라지는 경지에 이를 때까지 몰두하라.

"프로로서 무엇을 보여야 하는가, 자신은 무엇을 하고 싶은가를 계속 생각해야 해요. 이번 시즌에 여기까지 와서 생각하는 것은 프로로서 이기는 것만이 목적은 아니라는 거예요. 이렇게까지 패배한 팀에 있으면서, 마지막까지 이렇게 멋진 환경에서 야구를 할 수 있는 것은 이기는 것만이 목적인 선수였다면 불가능했을 거예요."

2004년 10월 1일,
조지 시슬러의 시즌 합산 257안타 기록을 깬 후 인터뷰에서.

43. 과정 속에서 최선을 다하는 것을 중시하라

이겼는가 졌는가만 의식하면 반드시 발목을 잡히게 된다. 목적을 달성하는 것도 물론 중요하지만, 그보다는 과정에 전력을 다하는 것이 더 중요하다.

올해 시즌이 절반쯤 지나 매리너스의 포스트 시즌 진출 가능성이 사라진 후에도 이치로는 점점 더 멋지게 배트를 휘둘렀다. 그때까지보다 더 많은 안타를 쳤다.

과정을 중시하는 자세를 관철하면 목표 달성이 불가능해진 상황에서도 최선을 다한다. 그러면 그것이 그 사람의 재능이 된다.

변호사를 꿈꾸며 여러 차례 사법시험에 응시했으나 매번 낙방한 친구가 있다. 결국 변호사가 되는 것을 포기하고 대기업에 취직했다. 사법시험 공부를 하며 얻은 지식 덕분에 운 좋게 총무 부문에서 두각을 드러내 중역까지 올라갔고 출세했다. 설령 목표를 달성하지 못하더라도 과정에서 최선을 다하면 그것이 그 사람의 피와 살이 된다.

꿈을 실현하는 것에서만 의미를 찾지 말고, 거기에 이르는 과정에서 겪은 경험을 소중히 여겨라. 그렇게 하면 당신도 이치로처럼 대단한 일을 해낼 것이다.

과정은 그 사람의 피와 살이 된다.

"경기를 되돌아보았을 때
오늘은 불필요한 요소가 없었어요.
모든 면에서 중요한 역할을 해냈어요.
하지만 이런 일은 또 없을 것이고,
지금 시점에서는 이미 끝난 일이에요.
빨리 내일이 왔으면 좋겠어요.
이런 결과가 나왔다고 여운에 잠겨 있으면
이후에 일이 제대로 되지 않아요."

2003년 6월 17일, 대(對)에인절스전에서
4타수 4안타로 경기를 마친 후 인터뷰에서.

44. '나쁜 일'뿐 아니라 '좋은 일'도 떨쳐버려라

'어떤 일이든 이미 지난 과거의 일은 떨쳐버린다'라는 것이 일류 스포츠 선수의 공통점이다. 좋은 일이 벌어졌을 때 여운에 잠기면 방심하는 마음이 생긴다.

혹은 반대로 나쁜 일에 과잉 반응을 하면 점점 위축된다. 어느 쪽이든 이후의 행동에 악영향을 끼친다. 새하얀 백지 같은 마음가짐으로 새로운 일에 임하라. 이것이 최고의 심리 상태를 만들어준다.

'일일일생(一日一生)'이라는 말을 기억하라. 하루가 자신의 일평생이라는 생각으로 하루를 완벽하게 연소시켜라. 태양이 동쪽에서 떠올라 서쪽으로 가라앉을 때까지의 하루를 자신의 일평생이라고 생각하며 있는 힘껏 최선을 다하라.

아침에 일어나면 되도록 일과 관련된 것 중에서 하나, 퇴근 후 사생활과 관련된 것 중에서 하나를 골라 "오늘 중으로 이것만큼은 반드시 해내겠어!"라고 선언하라. 그리고 무슨 일이 있더라도 그날 중으로 그날의 미션을 해내라.

그날 있었던 나쁜 일뿐만 아니라 좋은 일도 모두 흘려보내고 하루를 완전히 연소시키는 사고와 행동을 반복하라. 이와 같은 마음가짐이 당신을 천재로 만들어준다.

매일 반드시 목표 하나를 달성하라.

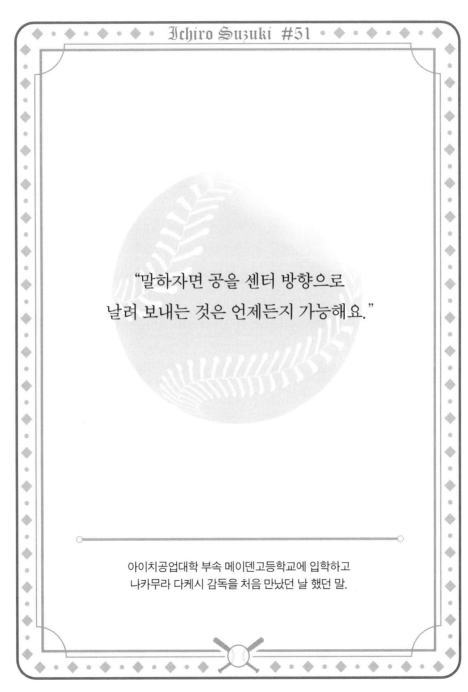

"말하자면 공을 센터 방향으로
날려 보내는 것은 언제든지 가능해요."

아이치공업대학 부속 메이덴고등학교에 입학하고
나카무라 다케시 감독을 처음 만났던 날 했던 말.

45. 유언실행이야말로 꿈을 이루는 강력한 무기이다

이 말을 들은 나카무라 감독은 다소 정색하며 이렇게 말했다. "그럼 내 눈앞에서 한번 해봐!"

나카무라 감독이 지명한 3학년 투수가 던진 공의 7할 가까이를 이치로는 센터 방향으로 날려 보냈다.

유언실행(有言實行, 말한 것은 반드시 실행하는 것)이야말로 꿈을 이루는 강력한 무기이다. 그는 아침에 일어나면 "오늘은 오후 7시에 피트니스 클럽에 있겠어!"라고 침대에서 결단을 내린다. 그렇게 하면 하루 스케줄을 모두 이 계획에 맞출 수 있다.

또 아테네 올림픽 남자 평영 수영에서 2관왕을 달성한 기타지마 고스케 선수는 "나는 100미터를 59초 만에 플랫 평영으로 주파하겠어"라고 선언했다고 한다.

"이렇게 되고 싶다"거나 "이런 기록을 세우겠다"라고 선언하면 그 순간 새로운 화학 반응이 몸속에서 일어나기 시작한다. 꿈을 이루지 못하는 사람의 문제점은 재능이 없는 것이 아니다. 선언하지 않기 때문에 꿈이 멀어지는 것이다.

용기를 내어 반드시 이루고 싶은 꿈을 구체적인 형태로 주변 사람들에게 선언하라. 그 행위가 당신의 꿈을 의외로 쉽게 실현시켜줄 것이다.

꿈을 선언하라.

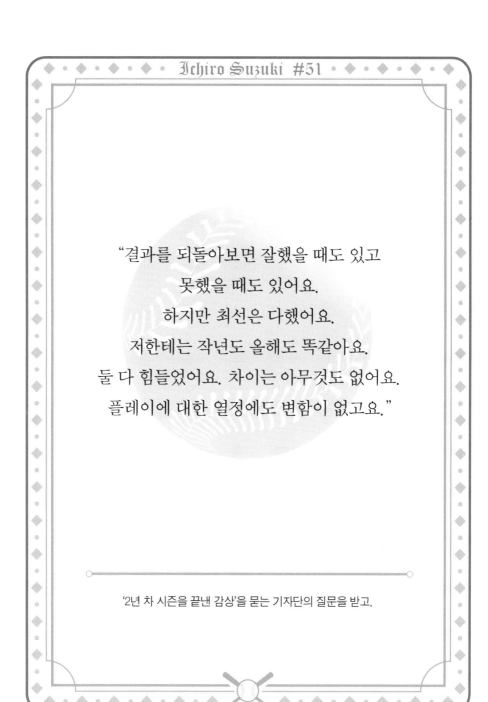

"결과를 되돌아보면 잘했을 때도 있고
못했을 때도 있어요.
하지만 최선은 다했어요.
저한테는 작년도 올해도 똑같아요.
둘 다 힘들었어요. 차이는 아무것도 없어요.
플레이에 대한 열정에도 변함이 없고요."

'2년 차 시즌을 끝낸 감상'을 묻는 기자단의 질문을 받고.

46. 최선을 다하겠다는 심플한 사고방식을 가져라

최선을 다한다. 말하기는 쉽지만, 실천하기는 무척 어렵다. 세상에서 천재라 불리는 사람들의 가장 위대한 재능은 바로 '최선을 다한다'라는 점으로 집약될 것이다.

묵묵히 하나의 분야를 파고든다. 이는 억지로 강제한다고 지속할수 있는 일이 아니다. 최선을 다하는 것 자체를 즐겨야 할 수 있는일이다. 반대로 말해 자신이 정말로 즐거움을 느끼는 일에 먹는 것도 자는 것도 잊고 몰두하면 그것이 최선을 다하는 상태이다.

이치로는 여전히 야구를 더 잘하고 싶다고 말한다. 그의 이러한심플한 사고방식이 그로 하여금 이토록 위대한 일을 해내게 한 것이 아닐까?

여기에는 칭찬받고 싶다든가 사회적으로 좋은 평가를 받고 싶다든가 하는 불필요한 타산이 없다. 성과에 신경 쓰기보다 그 길을 걷는 것 자체를 즐긴다.

최선을 다한다고 결과가 나온다는 보장은 없다. 오히려 세상에는성과가 나지 않는 경우가 더 많다고 생각하는 편이 낫다.

최선을 다하는 것과 성과를 분리할 수 있으면 어엿한 한 사람의어른이 된 것이다.

성과보다 오히려 과정을 즐겨라.

"야구는 쉽게 할 수 있는 거라고
흔히 생각하세요.
하지만 실제로는 그렇지 않아요.
안타 하나를 날리기 위해서
얼마나 많은 시간을 들여야 하는지,
안타를 하나 날리면 얼마나 기쁜지….
물론 그런 내색을 하지는 않죠.
하지만 안타를 날리면 날아갈 듯이 행복해요.
실제로 2003년도에
200번째 안타를 쳤을 때는 눈물이 났어요."

잡지 인터뷰에서 "그동안 고생도 많이 하셨죠?"라는 질문을 받고.

47. 자신이 하는 일에 더 애착을 가져라

자신이 하는 일에 강한 애착을 가져라. 애착은 그 사람에게 위대한 재능을 부여해준다. 안타 하나에 거는 이치로의 집념은 보통이 아니다. 같은 안타라고 하더라도 컨디션이 좋을 때 날린 안타와 오랜 시간 고민한 끝에 날린 안타는 전혀 다르다.

안타에 대한 애착과 집념 에너지가 엄청난 안타 기록을 만들어내는 것이다. 아무런 고생 없이 이루어진 꿈은 아무런 재미도 없다. 오히려 고민하고 또 고민한 끝에 성과가 났을 때 그 기쁨은 무엇과도 비교할 수 없는 법이다.

완성도 높은 업무 성과가 순풍에 돛 단 듯이 순조롭게 나는 경우는 드물다. 불안이 사라지면 정체가 시작된다. 순조로움은 안이한 타협을 낳고, 결국 이도 저도 아닌 애매한 결과가 나온다. 불안과 정면으로 맞붙기 때문에 진지하게 사안을 파고들 수 있는 것이다. 공포에 맞서며 일하기 때문에 절박감이 생긴다. 기량이 같은 프로 스포츠 선수 두 명이 맞붙는다면 아수라장을 거쳐온 쪽이 승리를 거머쥘 것이다.

물러설 곳 없는 낭떠러지에서 줄다리기하며 일하라. 그것이 '아수라장을 뚫고 지나간다'라는 것이다.

고뇌 끝에 아수라장을 뚫고 지나감으로써 한층 크게 성장할 수 있다.

"여러 차례 말했지만,
변하는 것은 아무것도 없어요.
바꿀 생각도 없고, 바꿀 필요도 없어요.
내가 이치로인 것을 바꾸려고 하면
무언가가 뒤틀리게 돼요."

메이저 리그 2년 차 시즌을 끝내고 3년 차의 포부를 묻는 질문을 받고.

48. 나는 이미 '완성된 존재'라고 생각하라

당신은 세상에서 유일무이한 존재이다. 당신과 똑같은 사람은 과거에도 존재하지 않았고, 앞으로도 존재할 리 없다. 가슴을 쫙 펴고 자기 존재에 자긍심을 가져라.

개선해나가는 것에만 의식을 쏟아붓는 사람은 자기 인생의 근간을 믿지 못하는 사람이다. '자긍심을 가지지 못하겠어. 나를 바꾸어야겠어!'라는 취약한 발상으로는 강인한 자아상을 형성할 수 없다.

이치로는 어렸을 때부터 자신을 이미 '완성된 존재'로 여겼다. 남은 일은 어떻게 하면 그 존재를 밖으로 드러낼 수 있을까 하는 것이었고, 여기에 초점을 맞추고 지금까지 자신과 싸웠다. 그래서 '자신을 바꾸려 하는' 주변 사람들의 조언을 일절 받아들이지 않았다.

설령 잘 풀리지 않더라도 그저 '완전한 내가 드러나지 않았을 뿐'이라고 생각했기 때문에 삶의 스탠스가 어렸을 때부터 지금까지 조금도 달라지지 않았다.

잘 풀리지 않을 때도 '불완전한 내가 드러났다'라고 생각해서는 안 된다. 그렇게 생각하는 한 약한 자신한테서 평생 벗어날 수 없다. 완성된 자신을 드러내기 위해서 최선을 다하라. 그것이 당신에게 위대한 파워를 줄 것이다.

자기 존재에 자긍심을 가져라.

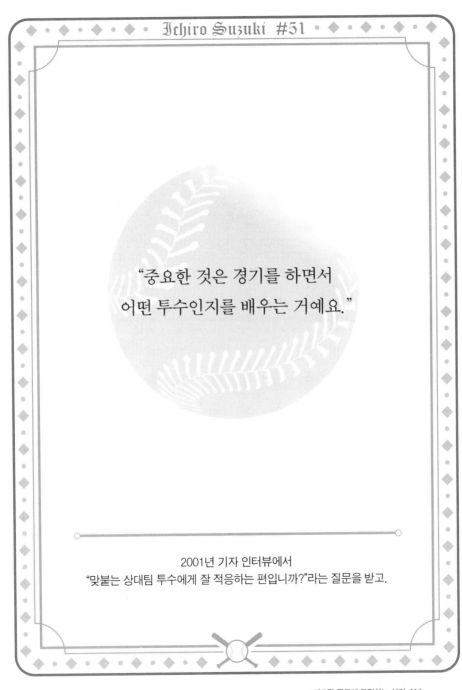

"중요한 것은 경기를 하면서
어떤 투수인지를 배우는 거예요."

2001년 기자 인터뷰에서
"맞붙는 상대팀 투수에게 잘 적응하는 편입니까?"라는 질문을 받고.

49. 경험을 통해 배움으로써 재능을 꽃피워라

재능은 자기 행동 속에서 무언가를 배움으로써 배양되는 것이다. 승패가 아니라 과정 속에서 새로운 힌트를 발견해라. 다음번에 써 먹을 수 있는 무언가를 발견했다면 그것으로 충분하다.

예를 들어 메이저 리그에서 심판의 판정에 불복하여 항의한 선수가 있다고 하자. 자기주장이 받아들여지지 않았기 때문에 다음번에도 불쾌함으로 가득한 상태로 타석에 선다. 그러면 대부분 범타로 끝난다. 그는 경험을 통해 아무것도 배우지 못했다. 그래서 진보가 없다.

이치로는 심판의 미묘한 판정에 항의하지 않는다. 이치로는 "심판은 판결을 내리는 것이 일이고, 저는 공을 때리는 것이 일이에요. 그래서 공에 대한 판결은 심판에게 맡겨요"라고 생각한다.

예를 들어 미묘한 판정으로 공을 쳐보지도 못하고 삼진을 당했을 때 이치로는 벤치로 돌아가면서 심판이 스트라이크로 판정한 공을 다음 타석에서 어떻게 하면 칠 수 있을지 생각한다.

결과가 어떻든 자신이 경험한 행동을 통해 무언가를 습득해야 한다. 배움에 대한 탐욕이 있으면 잠자코 있어도 당신은 진화한다.

행동하면서 힌트를 찾아라.

"교통사고가 나지 않았다면 틀림없이
투수를 목표로 삼았을 거예요.
그런데 교통사고가 나서
속구를 던질 수 없게 되었어요.
결과적으로 타자로서 프로가 되어야겠다고
결심하는 계기가 되었어요."

고등학교 2학년 때 자전거를 타다가
자동차를 들이받아 한 달 반 동안 목발 생활을 해야 했던 때를 회상하며.

50. 모든 일은 최고가 되는 방향으로 일어난다

개인적으로 존경하는 고명한 심리학자 맥스웰 몰츠(Maxwell Maltz) 박사가 다음과 같이 말했다.

"사람은 자전거와 흡사한 구석이 있습니다. 자전거는 어딘가를 향해 달려갈 때는 안정적으로 균형을 잘 잡습니다. 그런데 달리는 것을 멈추면 휘청거립니다. 우리의 몸과 마음은 목표를 추구하게 되어 있습니다. 그래서 개인적인 목표가 사라지면 불안해져 일종의 '상실감'을 느낍니다."

행복은 갑자기 외부에서 당신에게로 날아들지 않는다. 또 당신이 받는 연봉과 지위가 당신을 행복하게 하는 것도 아니다. 행복은 당신 스스로 마음속으로 정한 절대적인 가치관 속에서만 발견할 수 있다.

좋지 않은 일이 벌어졌다면 높이 비약할 조짐으로 받아들여라. 반대로 최고로 잘나가서 마음이 들떠 있다면 불행이 바로 옆까지 쫓아와 있다는 생각으로 마음을 다잡아라.

'모든 일은 내가 최고가 되는 방향으로 일어난다'라는 미국의 격언이 있다. '좋은 일이든 나쁜 일이든 모든 일은 내가 최고가 될 수 있는 방향으로 일어난다'라고 생각하며 최선을 다하라. 그런 마음가짐이 당신에게 행복을 가져다줄 것이다.

질주를 멈추면 사람은 불안정해진다.

"앞으로 제가 하고 싶은 일은 이상을 추구하는 일이에요. 결코 남이 추구하는 이상을 추구하지는 않아요. 사람들이 웃어주길 바랄 때 웃지도 않아요. 제가 웃고 싶을 때 웃어요. 카메라가 저를 비추고 있어도, 웃어달라고 해도, 저는 웃지 않아요. 저만의 삶의 방식을 제대로 가지고, 주변 분위기에 휩쓸리지 않고, 강한 사람이 되는 것.

(중략) 우리 야구 세계는 내가 어떤 사람인지를 보여주고, 팬이 되어줄지 말지는 관객이 정하는 세계예요. 연예인이 아니니까 '저희 음반을 많이 들어주세요' 하는 식으로 홍보할 수는 없어요. 팬의 응원을 받고 싶으면 플레이로 나의 존재를 확실하게 보여줄 수밖에 없어요."

잡지 인터뷰에서 "이치로 씨의 인생관을 말씀해주세요"라는 질문을 받고.

51. 이상을 추구하는 것을 포기하지 말라

'이상을 추구하는 것'은 그렇게까지 어려운 일이 아니다. 이를 불가능하게 만드는 것은 대개 남이 아니라 나 자신이다.

멋대로 '이렇게 큰 목표는 달성할 수 있을 리 없다'라고 단정하고 포기한다. 이상을 추구하면 '하고 싶은 일을 끝까지 해내고 싶은 마음'과 '목표가 큰 탓에 밀려드는 좌절감'이 마음속에서 반드시 줄다리기한다. 그리고 대개 '좌절감'이 '하고 싶은 일'을 이긴다.

하고 싶은 일을 끝까지 해내고 싶다면 지금 당장 종이를 꺼내 목표를 적어라. 그리고 수시로 목표를 입 밖으로 말해라. 마음속으로만 생각하지 말고 바깥으로 표현해라. 이렇게 하는 것만으로도 세상이 180도 달라진다. 이치로처럼 주변 분위기에 휩쓸리지 않고 자기 삶의 방식을 관철할 수 있다.

최종적으로는 '하고 싶은 일'이 '좌절감'을 이기고 이상을 향해 움직이기 시작한다.

여러 가지로 방법을 궁리해가며 이상을 결코 포기하지 않는 것이야말로 큰일을 해내기 위해서 반드시 필요한 요소이다.

하고 싶은 일을 지금 당장 종이에 적어라.

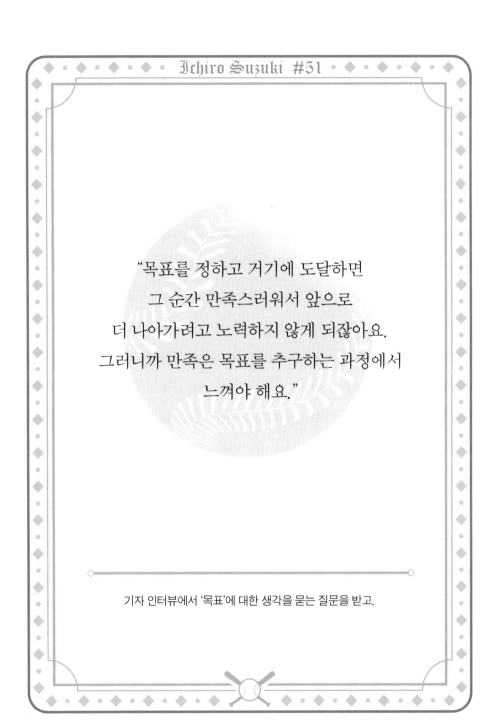

"목표를 정하고 거기에 도달하면
그 순간 만족스러워서 앞으로
더 나아가려고 노력하지 않게 되잖아요.
그러니까 만족은 목표를 추구하는 과정에서
느껴야 해요."

기자 인터뷰에서 '목표'에 대한 생각을 묻는 질문을 받고.

52. 때로는 목표를 잊고 분발하라

목표를 설정할 때 목표 달성 여부가 가장 중요한 것은 아니다. 목표를 이루기 위한 구체적인 행동 미션을 정하고, 의욕을 최대한으로 끌어올리는 것이 무엇보다 중요하다.

그러기 위해서는 '목표'와 '목적'의 차이를 정확하게 이해해야 한다. 목표는 달성한 순간 사라진다. 한편, 목적은 적어도 그 사람이 그 일에 종사하는 한 반영구적으로 지속된다. 때로는 목표를 잊고 완성도 있게 일을 해내는 과정 자체에 의식을 집중해라. 사실 목표를 달성하지 못하는 것도 나쁜 일만은 아니다.

예를 들어 이치로의 목적은 '타율이 10할인 타자가 되는 것'이다. 이것은 적어도 목표는 아니다. 거의 불가능한 일을 목표로 삼으면 쉽게 좌절하고 의욕을 잃는다.

반면, 실현 불가능한 완벽한 모습을 인생의 목적으로 삼으면 목적에 한 발짝이라도 다가가려고 여러 가지 방법을 짜낸다. 그래서 최선을 다하게 된다. 때로는 목표를 잊고 인생의 목적을 이루기 위한 최선의 과정을 계획하고 이를 행동으로 옮겨라. 그렇게 하면 어느 순간 간단하게 목표를 달성한 자신을 발견할 것이다.

인생의 큰 목적을 향해 나아가라.

"시즌이 시작되기 전부터 200이라는 숫자를 줄곧 머릿속에 담고 있었는데, 이 얼마나 용감한 생각인지…. 스스로도 쉽게 입에 담아도 되는 숫자가 아니라고 생각했어요. 말로 표현할 수 없을 만큼 기쁩니다. 정신이 육체에 얼마나 많은 영향을 끼치는가를 분명하게 느꼈어요. 그리고 유미코(와이프)와 잇큐(애완견)가 힘들 때 늘 곁에서 제 마음을 헤아려주었어요."

2003년 9월 20일 대(對)애슬레틱스전에서
3년 연속 200안타를 달성했을 때 기자 인터뷰에서.

53. 지금의 나를 뛰어넘는 목표가 동기를 올려준다

투수에게 철저하게 마크당하는 힘든 상황하에서 엄청난 숫자를 달성한 이치로의 기쁨이 이 말에 잘 나타나 있다.

그는 타율에는 크게 집착하지 않는다. "묘하게 타산이 작용하여 타석에 섰을 때 잡념이 들어 배트를 휘두를 때 악영향을 끼친다"라는 것이 그 이유이다.

반면, 안타는 절대적인 감각이다. 남과 비교하며 일희일비해야 하는 타율보다 하나씩 착실하게 쌓아 올려야 하는 안타 수가 성과를 더 분명하게 확인해주기 때문에 동기가 올라간다. 승패나 다른 사람과의 경쟁은 상대적인 것이다. 상대가 약하면 이기는 것이 당연하다. 그래서는 자기 실력을 정당하게 평가할 수 없다.

스스로 "여기까지 오느라 애썼어!"라고 칭찬하라. 이겼네 졌네 하며 자신을 평가하는 행위와도 단호하게 결별하라. 과정을 평가해야 사람은 내재적 동기가 올라간다.

남과 비교하는 것을 그만두고, 현재의 나를 뛰어넘는 것을 목표로 세워라. 그렇게 하면 동기가 올라가서 좋은 업무 성과가 난다.

상대적인 평가에 휘둘리지 말라.

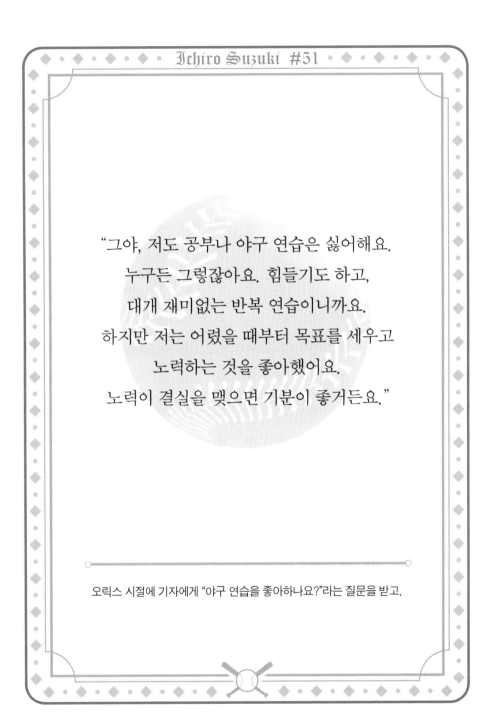

"그야, 저도 공부나 야구 연습은 싫어해요.
누구든 그렇잖아요. 힘들기도 하고,
대개 재미없는 반복 연습이니까요.
하지만 저는 어렸을 때부터 목표를 세우고
노력하는 것을 좋아했어요.
노력이 결실을 맺으면 기분이 좋거든요."

오릭스 시절에 기자에게 "야구 연습을 좋아하나요?"라는 질문을 받고.

54. 목표를 수치화하라

이치로는 자신의 목표를 수치화하여 공언하는 것을 싫어한다. 하지만 그런 이치로에게도 마음속에는 기대하는 숫자가 있을 것이다.

예를 들어 연간 200안타가 그것이다. 이치로는 200이라는 숫자를 무척 가치 있게 여긴다. 틀림없이 하나의 시즌 목표로 이 숫자를 클리어하는 것이 머릿속에 담겨 있을 것이다.

목표 설정의 최대 목적은 그것을 달성하는 것이 아니다. 물론 달성한다면 멋진 일이겠지만, 그보다 더 큰 목적은 동기를 올리는 것이다.

목표를 수치화하는 것은 동기를 높이는 최고의 방법이다. 요트 전문 코치가 "로프를 더 힘껏 당겨!"라고 선수에게 소리쳤다고 하자. 이래서는 선수가 로프를 힘껏 당길 수 없다. "지금부터 10초 동안만이라도 로프를 힘껏 당겨!"라고 소리쳐야 그제야 선수는 두 눈을 질끈 감고 로프를 힘껏 당길 결심을 하게 된다.

재미없는 단조로운 일도 숫자를 넣어 목표를 설정하면 간단하게 즐겁게 바꿀 수 있다. 숫자를 쫓다 보면 어느 사이엔가 일에 깊이 몰두하고 있는 나를 발견할 것이다.

구체적인 목표는 일에 활력을 준다.

"저의 꿈은 일류 프로 야구 선수가 되는 것입니다. 그러기 위해서는 중학교 때와 고등학교 때 전국 대회에 나가서 활약해야 합니다. 활약하기 위해서는 연습을 해야 합니다. 저는 연습에는 자신이 있습니다. 저는 세 살 때부터 연습을 시작했습니다. 세 살부터 일곱 살까지는 반년 정도만 연습했지만, 3학년 때부터 지금까지는 365일 중에서 360일을 하드 트레이닝을 했습니다. 그래서 일주일 중에 친구와 놀 수 있는 시간은 대여섯 시간뿐입니다. 이렇게 열심히 연습하고 있으므로 반드시 프로 야구 선수가 될 겁니다."

초등학교 6학년 때 이치로가 쓴 〈꿈〉이라는 작문의 앞부분.

55. 꿈이라는 풍선에 자신감이라는 공기를 계속 불어 넣어라

꿈을 이뤄가는 과정에서 확신만큼 강력한 힘이 되는 것은 없다. 자신감을 가지고 오랫동안 지속해야 비로소 확신으로 바뀐다. 초등학교 6학년 이치로 소년은 이미 이때 프로 야구 선수가 되어 있었다.

'프로 야구 선수가 되고 싶다'라는 생각으로는 약하다. '되고 싶다'라는 말은 '되지 않아도 상관없다'의 다른 표현이다. 대개 이런 꿈은 이루어지지 않는다. 하물며 '프로 야구 선수가 되고 싶다'라는 어린 시절의 소원은 어느 사이엔가 '견실한 대기업에 취직하고 싶다'든가 '마당이 딸린 내 집을 가지고 싶다'라는 현실적인 꿈으로 바뀐다. 꿈은 내버려두면 풍선처럼 점점 쪼그라든다. 경험과 지식이 꿈에서 매력적인 요소를 점차로 빼앗아 현실적인 것으로 바꾸어놓는다.

본래 꿈이라는 것은 최선을 다해 노력해야 겨우 손에 들어오는, 인생을 건 분투를 거쳐야만 이룰 수 있다. 이치로처럼 나이를 먹으면 먹을수록 '꿈이라는 풍선'에 자신감이라는 공기를 계속 불어 넣어야 한다. 그렇게 하면 꿈이 쪼그라들지 않는다. 혹은 주변 사람들에게 자신의 꿈 이야기를 하고 "그런 황당무계한 꿈은 실현 불가능해!"라는 말을 들어보라. 그 정도의 꿈을 그리고 행동으로 옮기는 정도가 딱 좋다.

강렬한 소망이 꿈을 실현으로 이끈다.

"남들과 똑같아지는 것이 아니라
어떻게든 남보다 뛰어난 부분이
있어야 한다고 생각했어요.
'이렇게 쳐야 하는 거야'라는
주변 사람들의 말에 늘 반항했어요.
단, 기본을 중시했고,
기본에서 벗어나지 않으려고 주의했어요."

TV 인터뷰에서
'자신만의 독자적인 스타일을 구축하는 것'에 관한 질문을 받고.

56. 기본을 철저하게 익히고, 그리고 기본에서 벗어나라

제아미(일본 전통 가무극 '노'의 연기자이자 극작가-역주)의 가르침 중에 '수(守)·파(破)·리(離)'라는 것이 있다. 먼저 처음에는 기본을 지키며(守) 몸에 익힌다. 다음에는 기본을 깨고(破) 빠져나온다. 그렇게 하면 결과적으로 기본과는 완전히 동떨어진(離) 독창성이 생겨난다는 노와 교겐(일본 전통 희극-역주)의 가르침이다.

당신은 일에 자신의 개성을 모조리 쏟아붓고 있는가? 개성을 전면적으로 더 드러내는 것에 대해 진지하게 생각해보라.

단, 그러기 위해서는 철저하게 기초를 익히고 단련해야 한다. 어떤 일이든 기본을 소홀히 하면 반드시 한계에 부딪힌다. 먼저 기본을 익히고 그것을 깨라. 이때 나오는 것이 진정한 개성이다.

개성 있는 누군가를 흉내 내거나, 남하고 똑같은 것은 시시한 일이라며 일부러 남과 반대로 행동하는 것은 결코 개성이 아니다.

개성이란 결코 불가능하리라 여겨지는 원대한 목표를 향해 자신의 모든 재능을 쏟아붓는 행동 에너지이다.

때때로 기본에서 크게 벗어나지 않았는지 확인하며 자기 나름대로 진리를 탐구하라.

개성이란 원대한 목표를 향해 나아가는 에너지이다.

매리너스 VS 레드삭스 경기 6회,
세 번째 타석에서도 좌익수 플라이 아웃으로 물러난
매리너스의 이치로 외야수(시애틀의 세이프코 필드). 2004. 9. 11.

제**6**장
난관에 도전하기

"저는 가슴 뛰는 느낌,
설레고 기대되는 느낌,
중압감에 짓눌리는 느낌을 미치도록 좋아해요.
승부의 세계에 사는 사람만
맛볼 수 있는 묘미니까요."

2004년 10월 1일, 조지 시슬러의 시즌 합산 257안타 기록을 깬 후 인터뷰에서.

57. 중압감을 받아들여라

이치로처럼 가슴이 두근거리고 전율이 느껴지는 무대로 뛰어 올라가라. 살아 있다는 실감, 자신의 존재감이 강렬하게 느껴지는 순간을 경험하는 것은 인간이 누릴 수 있는 최고 레벨의 쾌락이다. 중압감이 없는 일은 시시하고, 중압감이 있기 때문에 일하는 보람이 있는 거라고 생각하자.

인간이 쾌감을 추구하는 동물이라면 두근거림과 설렘을 되도록 자주 맛보아야 한다. '식욕'이나 '성욕'과 마찬가지로 '자아실현욕'도 인간이 맛보아야 하는 숭고한 쾌감이다.

그런데 식욕과 성욕을 통해 얻는 쾌감은 사람들 대부분이 경험하고 죽지만, 여러분도 다들 잘 알고 있을 심리학자 매슬로(Abraham Harold Maslow)가 인간이 느끼는 최고의 쾌감이라고 정의한 자아실현욕을 경험하고 세상을 떠나는 사람은 한 줌밖에 되지 않는다.

기왕에 생명을 받고 이 세상에 태어났으니 되고 싶은 자기 모습을 발견하고 어떻게 해서든지 그 모습에 가까워지기 위해 매진해보라. 그렇게 한다면 이치로처럼 두근거림과 설렘을 셀 수 없이 경험하며 살게 될 것이다.

자아실현욕을 경험하라.

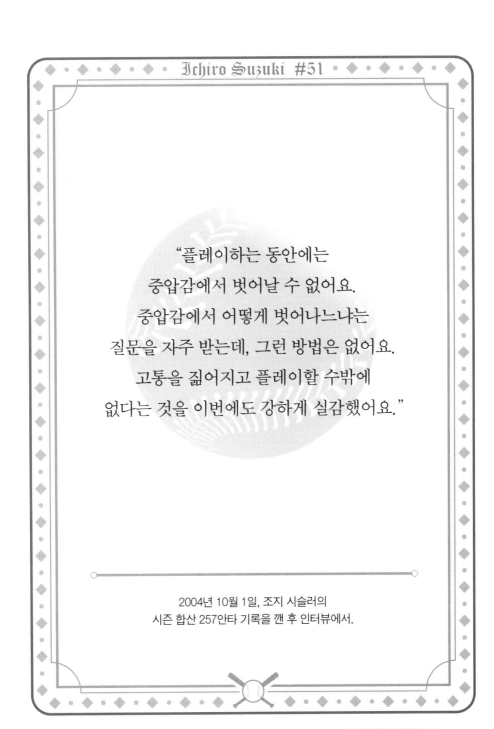

"플레이하는 동안에는
중압감에서 벗어날 수 없어요.
중압감에서 어떻게 벗어나느냐는
질문을 자주 받는데, 그런 방법은 없어요.
고통을 짊어지고 플레이할 수밖에
없다는 것을 이번에도 강하게 실감했어요."

2004년 10월 1일, 조지 시슬러의
시즌 합산 257안타 기록을 깬 후 인터뷰에서.

58. 중압감 속에서 일하는 기쁨을 발견하라

'중압감'을 스포츠 심리학의 관점에서 설명하면 '어떤 상황을 그 사람이 받아들이는 심리적인 방식'이라고 할 수 있다. 즉, 중압감이란 '자신이 멋대로 만들어낸 허상'이라는 것을 이해해야 한다.

그러므로 중압감으로부터 달아나서는 안 된다. 중압감을 즐겨라. 일의 규모가 커지면 커질수록 중압감이 느껴진다. 반대로 '중압감이 느껴지지 않는 일은 별 대단하지 않은 일'이라고 생각해보라.

중압감 속에서 일하는 것의 묘미를 알게 되었다면 그 사람은 한 걸음 전진한 것이다. 중압감이 느껴지지 않는 상황에서 제아무리 잘한들 정작 실력을 발휘해야 하는 상황에서는 통하지 않는다. 중압감에 짓눌리는 상황에서 일할 때 재능은 성장하는 법이다.

본 경기를 1시간 동안 뛰는 것은 중압감 없는 연습을 100시간 동안 하는 것과 같다. 진정한 자신감은 중압감이 느껴지는 상태에서만 자란다. 자발적으로 중압감을 느끼며 일하는 것에서 기쁨을 찾아라.

중압감이야말로 사람을 성장시키는 그 무엇과도 바꿀 수 없는 에너지다.

진정한 자신감은 중압감 속에서 자란다.

"컨디션이 나쁠 때
그런 상태를 어떻게 떨쳐내느냐는
질문을 자주 받는데, 방법은 없어요.
제 경험상으로는
완전히 없앨 수 없었어요."

TV 인터뷰에서 "중압감에 어떻게 대처하세요?"라는 질문을 받고.

59. 사실을 사실로 받아들이는 자세를 가져라

인생을 살다 보면 좋은 일도 벌어지고, 나쁜 일도 벌어진다. 좋은 일도 오래가지 않지만, 나쁜 일도 언젠가는 끝난다.

사람에게는 도저히 통제할 수 없는 일이 벌어진다. 그럴 때 운이 좋다는 둥 나쁘다는 둥 떠들어보아야 아무 소용도 없다. 사실을 냉정하게 받아들여라. 상황을 타개할 수 있는 것은 오로지 자신의 힘뿐이다.

이치로처럼 완벽한 타자에게도 컨디션의 파도가 있다. 사실을 있는 그대로 받아들이고 자신의 판단에 따라서 수정해나가는 것은 무수한 경험을 거쳐야 도달할 수 있는 경지이다.

경험을 축적하면 자연스럽게 생겨나는 감각이 있다. 그러므로 경험하기 위해서 먼저 행동하라.

생각한 대로 실행해보라. 틀리더라도 괜찮다. 실패를 두려워하지 말고 먼저 실행해보라. 그 과정에서 경험이 몸에 익을 것이다. 경험이 축적되면 예상치 못한 돌발 상황이 발생하더라도 냉정하게 대처할 수 있다.

이미 일어난 일에 대해서는 한탄해보아야 아무 소용도 없다. 위기 상황에서 발버둥 친 경험도 큰 재산이 된다고 믿어라.

경험이 축적되면 돌발 상황이 발생하더라도 냉정하게 대처할 수 있다.

"포볼의 경우에는, 처음부터 이번에는 '포볼을 당하겠어!'라고 생각하고 나가는 타자는 세상에 없을 거예요. 그런 선수는 결과적으로 포볼이 날아오더라도 결코 공을 쳐내지 못할 것이고, 그런 타자는 존재하지 않아요.

하지만 노 스트라이크나 원 스트라이크일 때는 공 하나의 유예를 가지기도 할 거예요…. 아니네요. 공 하나의 유예를 가질 수 있는 것은 노 스트라이크일 때만이네요.

노 스트라이크 이외의 상황에서 (포볼을 당하러 나간 것 같은) 그런 심리 상태가 된다면 그 타석은 망한 거예요."

2002년 잡지 인터뷰에서 '한 방을 노릴 때'와
'그저 진루해야 할 때'의 차이는 무엇인지를 묻는 질문을 받고.

60. 소극적인 태도가 인생의 적이다

일반적으로 타자는 투수가 실투하길 기대한다. 간절히 실투를 기다리고, 실투를 안타로 만드는 데 전력을 다한다. 하지만 이치로는 '투수가 던진 최고의 공을 쳐서 안타로 만드는 것'에서 기쁨을 찾는다. 그런 사고방식을 줄곧 관철해왔다. 물론 투수의 실투도 놓치지 않는다.

곤란으로부터 달아나지 않고, 과감하게 역경에 도전하라. 이것이 그 사람을 성장시킨다. 실패를 회피하는 마음가짐을 지녔다면 어쩌다 좋은 결과를 얻더라도 그것은 단순한 우연에 지나지 않는다. 어쩌다 운이 좋았을 뿐이다. 위기가 닥치면 즉시 두 손을 든다. 소극적인 태도 때문에 두려움이 마음에 들러붙어 작은 위기도 견디지 못한다.

요즘 같은 불경기에는 안심감을 찾거나 기회주의에 안주하려는 마음이 생기는 것이 어쩔 수 없는 일일지 모른다. 하지만 그런 마음이 한계를 만든다.

진루하는 것도 중요하지만, 사구를 기대하며 배트를 휘두르지 않는 타자가 큰 성공을 거둘 수는 없다. 배트를 휘두르지 않으면 아무것도 쟁취할 수 없다. '헛스윙하게 되더라도 배트를 휘둘러야 무언가를 얻을 수 있다'는 이치로의 철학을 당신의 인생에도 적용해보라.

난관을 피하면 성장이 멈추어버린다.

"제일 중요한 것은 야구 감각을 잃었을 때나 결과가 나오지 않을 때 어떻게 하느냐예요. 예를 들어 첫 번째 타석에서 결과가 나오지 않으면 '오늘은 공이 잘 맞지 않을 모양이네'라며 부정적인 심리 상태에 빠지기 쉬운데, 심적으로 괴롭더라도 절대로 포기하지 말아야 해요. 그래야 무언가를 해낼 계기를 잡을 수 있어요. 저는 역풍을 싫어하지 않아요. 있는 편이 고맙죠. 어떤 일이든 역풍이 없으면 다음 단계로 올라갈 수 없으니까요. 오히려 대환영이에요."

2003년 6월 18일, 메이저 리그 최단 100안타를 달성했을 때 기자 인터뷰에서.

61. 위기일수록 웃어라

이치로는 위기가 닥쳐도 웃는 얼굴로 대처할 수 있는 사람이다. 위기로 내몰릴수록 씩씩하게 행동하면 신기하게도 상황이 바뀐다.

프로 골프 선수의 멘탈 카운슬러로서 나는 "위기가 닥치면 얼굴에 미소를 띠고 '위기를 보란 듯이 극복하는 일은 즐거운 일이야!'라고 마음속으로 되뇌고 경기에 들어가라"라고 말한다. 위기를 즐길 수 있어야 어엿한 어른이다. 슬럼프가 오래 지속되더라도 심리 상태를 동일하게 유지해야 한다. 슬럼프에 빠지면 갑자기 사람이 바뀐 것처럼 축 처지는 사람이 있다. 결과에 과도하게 반응하기 때문에 이렇게 되는 것이다. 무서운 일이다.

심리 상태와 성과 사이에는 높은 상관관계가 있다. 성적이 좋지 않을 때도 이치로의 심리 상태는 언제나 최고 수준으로 유지된다.

슬럼프는 컨디션이 나쁘기 때문에 발생하는 것이 아니다. 나쁜 결과를 과도하게 의식함으로써 발생하는 바람직하지 않은 심리 상태가 성과를 저하시키는 것이다.

위기 상황이 오면 도약할 좋은 기회라고 여기고 웃는 얼굴로 눈앞의 일에 몰두하라. 그런 태도가 위대한 일을 해내게 만든다.

상황이 나쁘더라도 과민하게 반응하지 말라.

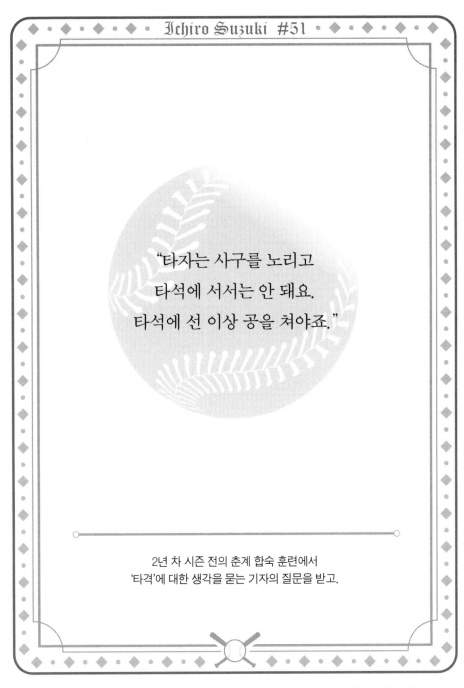

"타자는 사구를 노리고
타석에 서서는 안 돼요.
타석에 선 이상 공을 쳐야죠."

2년 차 시즌 전의 춘계 합숙 훈련에서
'타격'에 대한 생각을 묻는 기자의 질문을 받고.

62. 국제적인 마인드를 키워라

야구 용어 '스트라이크'를 일본에서는 '투수가 던진 공이 정해진 일정 영역을 지나는 일'이라고 정의한다. 하지만 메이저 리그에서는 그렇지 않다.

스트라이크라는 말은 글자 그대로 '친다'라는 타자의 행위 자체를 뜻한다. 한없이 어떤 행위에서 긍정적인 면을 보려고 하는 미국적인 사고방식을 이 단어에서 엿볼 수 있다.

예로부터 일본에서는 조심스럽게 행동하는 것을 미덕으로 여겼다. 하지만 교통과 인터넷의 발달로 이제는 우리에게도 국제적인 사고방식이 요구된다. 자신을 적극적으로 어필할 수 있는 사람이 높이 평가받는다. 이것이 국제사회의 표준적인 사고방식이다.

미국인은 실패를 '챌린지'라고 번역한다. 적극적인 행동에 나섰기 때문에 실패도 가능한 것이다. 아무것도 하지 않는 것을 가장 형편없는 행위로 본다.

세계를 시야에 넣지 않는 기업은 살아남을 수 없다. 세계에서 통하지 않는 비즈니스맨은 일자리를 빼앗길 것이다. 실패를 두려워하지 말고 도전하라. 먼저, 도전하는 것에서부터 시작하라.

실패는 위대한 도전이다.

"기존에 비해 칠 수 있다고
느껴지는 공이 늘었어요.
머리로는 안타를 치기 힘들겠다고
느끼는 공도, 몸은 칠 수 있다고 느껴요.
그래서 계속 범타를 쳤죠.
이번 4월은 그런 기회가 많았던 달이에요."

'2003년 시즌의 4월 월간 타율이 0.243으로 끝난 것에 대한 감상'을
묻는 기자의 질문을 받고.

63. 진화는 위기의 시기에 이루어진다

스윙에 대한 이치로의 강한 자부심이 이 말에 나타나 있다. 생각해보면 좋은 결과가 나오지 않는 것이 꼭 나쁜 것은 아니다. 오히려 그 안에 진보의 힌트가 숨어 있다. 그래서 결과가 나오지 않을 때일수록 자신과 깊은 대화를 나누게 되고 진리에 더 가까이 다가가게 되는 것이다.

그렇기에 개막 직후에 높은 수준의 시행착오가 반복되더라도 '이런 시기가 오히려 나에게는 좋은 때이다'라고 생각할 수 있는 것이다.

실제로 수치상의 슬럼프 시기는 단기간에 끝나고, 반드시 직후에 폭발적으로 안타를 많이 치는 시기가 온다.

진화는 그 사람이 위기를 맞이할 때마다 이루어진다. 하물며 위기가 크면 클수록 위기를 극복했을 때의 기쁨도 크다.

'위기를 보란 듯이 극복하는 것이야말로 인생의 즐거움이다'라는 생각으로 눈앞의 일에 최선을 다하라. 그렇게 하면 일은 점점 즐거워지고, 대개의 고민은 사실 사소한 것이었음을 깨닫게 된다.

시행착오를 반복하며 역경을 이겨내라.

매리너스 VS 양키스 경기 8회, 이치로 외야수가 올러루드의 우익수 앞 안타를 재빠르게
처리하고, 3루로 송구하여 시에라를 아웃시킨 장면(시애틀의 세이프코 필드) 2004. 8. 14.

제**7**장
꿈을 이루는 과정

"공은
배트에 닿는 순간에 파악하는 게 아니라
투수의 손을 떠나는 순간에
파악해야 해요."

잡지 인터뷰에서 '볼을 파악하는 법'에 관한 질문을 받고.

64. '하기 전에 이미 아는 경지'에 도달해라

투수가 던진 공이 날아온다. 투수가 공을 던진 직후에 이치로는 결단한다. 아직 배트를 휘두르지는 않았으나, 그 시점에 이미 스윙을 끝냈다. 그가 한 말은 이런 뜻이다.

궁도의 달인은 활을 쏘기 전에 과녁을 뚫는다고 한다. '과녁에 닿기 전에 이미 아는 감각'이 이를 가능하게 한다. 궁도의 달인과 같은 경지에서 배트를 휘두르는 것이다.

다종다양한 막대한 양의 정보가 외부에서 뇌로 들어온다. 무엇을 채택하고 무엇을 버릴지를 잘 판별하는 사람이 달인이다. 평범한 타자는 배트를 휘둘러보지 않고는 안타일지 아닐지 알 수 없다고 생각한다.

반면, 이치로는 그렇지 않다. 투수가 공을 던진 순간, 배트로 공을 치는 데 필요한 정보만을 순식간에 읽어내어 배트를 휘두르기 전에 머릿속에서 공을 친다.

'하기 전에 이미 아는 경지'에 이를 때까지 눈앞의 일에 전념하라. 그렇게 하면 당신도 달인의 영역에 도달할 수 있다.

정말로 중요한 것을 판별해낼 수 있는 안목을 갖추어라.

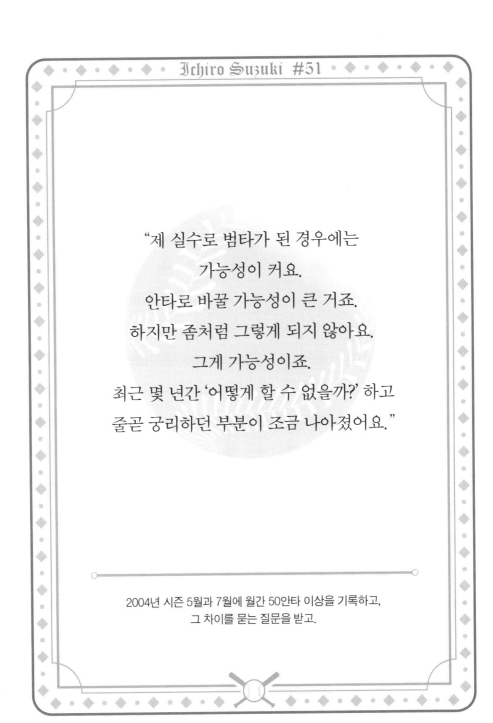

"제 실수로 범타가 된 경우에는
가능성이 커요.
안타로 바꿀 가능성이 큰 거죠.
하지만 좀처럼 그렇게 되지 않아요.
그게 가능성이죠.
최근 몇 년간 '어떻게 할 수 없을까?' 하고
줄곧 궁리하던 부분이 조금 나아졌어요."

2004년 시즌 5월과 7월에 월간 50안타 이상을 기록하고,
그 차이를 묻는 질문을 받고.

65. 내면에 있는 또 하나의 나와 대화하라

시즌 동안 세 차례나 월간 30안타라는 위대한 메이저 리그 기록을 세웠음에도 이치로는 놀랄 만큼 겸손하다. 결과적으로 대기록을 세웠으나, 본인이 느끼기에는 '지극히 당연한 일이라 놀랍지 않다'라는 자부심이 반대로 이 말에서 엿보인다. 스윙을 통해 내면과 대화를 반복함으로써 획득한 최고 수준의 재능이다. 이 정도로 자기 내면과 많은 대화를 나누는 운동선수가 달리 또 있을까?

사람은 사고 활동으로만 내면과 커뮤니케이션하는 것은 아니다. 감각으로도 커뮤니케이션한다. 그는 배트와 감각으로 대화할 수 있는 유일한 메이저 리그 선수가 아닐까?

이렇게까지 섬세하게 감각을 파악하기 위해서는 불필요한 요소를 차례로 잘라나가야 한다. 그냥 내버려두면 합리화할 구실이 점점 쌓여 복잡해진 나머지 내면과 대화할 수 없게 된다.

감각을 예민하게 세우고 내면과 수시로 대화하라. 이런 마음가짐이 당신의 감각을 예민하게 만들어 업무 완성도를 높여준다.

불필요한 요소를 잘라내고, 감성을 갈고닦아라.

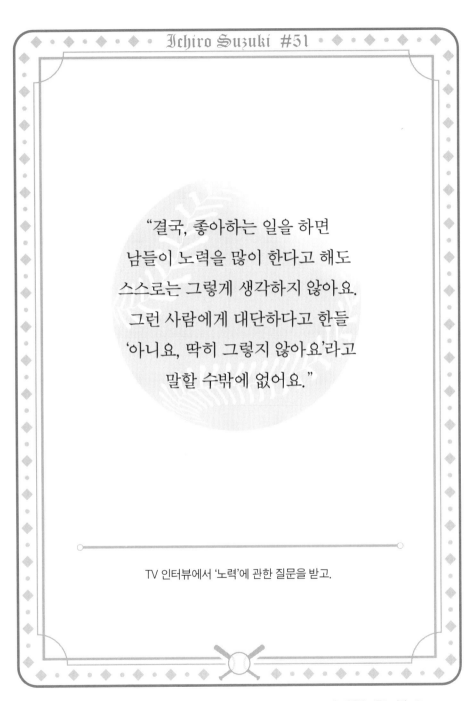

"결국, 좋아하는 일을 하면
남들이 노력을 많이 한다고 해도
스스로는 그렇게 생각하지 않아요.
그런 사람에게 대단하다고 한들
'아니요, 딱히 그렇지 않아요'라고
말할 수밖에 없어요."

TV 인터뷰에서 '노력'에 관한 질문을 받고.

66. 최고의 '자아상'을 지금 당장 노트에 적어라

물고기가 물을 가르며 헤엄치는 모습을 보고 '물고기는 수영을 참 잘한다'라고 생각하는 사람은 없다. 사람이 물고기처럼 수영하는 것은 쉬운 일이 아니지만, 물고기에게는 지극히 당연한 일이기 때문이다.

물고기가 척척 수영하는 것처럼 '나는 이것을 위해서 지구에 태어났다'라고 할 만한 자신만의 재능을 익혀라. 당신만의 장점을 제대로 자각하고, 재능 한 가지를 갈고닦는 일에 열정을 쏟아부어라. '자아상'은 사람을 성장시키는 가솔린이다. '이렇게 되고 싶다'라는 자아상이 당신의 재능을 길러준다. 평소에 늘 확고한 자아상을 가지고 행동하면 노력이 전혀 힘들게 느껴지지 않는다. 자발적으로 몸을 움직이게 된다.

이치로의 자아상은 '안타를 잘 날리는 타자'이다. 안타 수를 늘리기 위해서라면 그는 어떤 노력도 마다하지 않는다.

자신이 되고자 하는 '자아상'을 지금 당장 노트에 적어보라. 이렇게 하는 것만으로도 이상적인 내가 될 수 있다. 불가능하다는 생각으로 포기했던 것을 간단하게 성취하게 된다.

세일즈 포인트를 자각하고, 그 장점을 키워나가라.

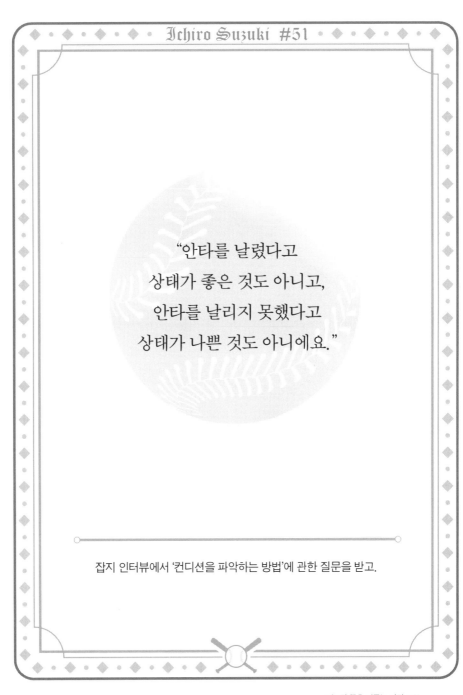

"안타를 날렸다고
상태가 좋은 것도 아니고,
안타를 날리지 못했다고
상태가 나쁜 것도 아니에요."

잡지 인터뷰에서 '컨디션을 파악하는 방법'에 관한 질문을 받고.

67. 자기 행동을 냉정하게 평가하려는 마음가짐을 가져라

다른 사람보다 뛰어나고 싶으면 스스로에게 더 엄격해져라. 남의 평가와 기대를 무시하는 것은 의외로 어려운 일이다. 사람이란 좋은 평가를 받으면 기분이 들뜨기 마련이다.

'칭찬은 고래도 춤추게 한다'라는 말이 괜히 생긴 것이 아니다. 하지만 이는 일회성에 지나지 않는다.

이치로만큼 자신에게 엄격한 사람은 드물다. 자신이 한 행동을 또 하나의 자신이 용납하는가 그렇지 않은가가 그의 판단 기준이다. 실제의 자신을 냉정하게 바라보는 또 하나의 자신을 마음속에 만들지 않으면 성장은 기대하기 힘들다.

다른 사람의 평가는 변덕스럽고 무책임하다. 실패해도 아무도 도와주지 않는다. '나만의 잣대'를 확실하게 가지고 압도적인 절대 평가를 하라. 이것이 성공하는 데 빼놓을 수 없는 요소이다.

스스로 납득되지 않는 경우에는 철저하게 파고들어라. 그렇지 않으면 절대 평가를 내리는 또 하나의 자신이 용납하지 않는다. 타협을 용납하지 않는 확고한 사고방식을 관철해야 그제야 비로소 당신도 이치로처럼 멋진 성과를 낼 수 있다.

자신을 바라보는 또 하나의 자신을 의식하라.

"1994년부터 1996년까지는
제 모습이 보이지 않았어요.
이때의 경험을 통해
'객관적으로 나를 바라보지 않으면
안 된다'라는 것을 깨달았어요.
나는 지금 여기에 있다.
하지만 나를 뛰어넘는 또 하나의 내가 있고,
그 눈으로 내가 땅에 발을 붙이고
제대로 서 있는지를 보아야겠다고 생각했어요."

잡지 인터뷰에서 '컨디션이 나쁠 때'에 관한 질문을 받고.

68. 자신을 객관화하는 이미지 트레이닝을 하라

결과에 따라서 일희일비하는 사람은 자신을 객관적으로 관찰하지 못하는, 이미지화 능력이 결여된 사람이다. 이미지 트레이닝을 하면 자신을 객관적으로 보는 '제3의 눈'을 키울 수 있다.

일이 뜻대로 잘 풀리면 뛸 듯이 기뻐하고, 뜻대로 잘 풀리지 않으면 침통해하는 사람이 있다. 그래서는 아무것도 이룰 수 없다. 성공한 나와 실패한 나를 냉철하게 관찰하는 '제3의 눈'은 우리에게 다음 단계로 도약할 실마리를 제공해준다.

마치 다른 사람을 대하듯이 열심히 애쓰는 또 하나의 나를 격려하라. 예를 들어 무엇을 해도 잘되지 않을 때는 "걱정 마. 조금만 더 분발해보자!"라며 또 하나의 나를 응원하는 것이다.

반대로 잘되었을 때는 "방심해서는 안 돼. 이 시점에서 다시 한번 마음을 다잡자!"라고 기고만장하는 마음을 자제시켜라. 그렇게 하면 어떤 상황에서든 평정심을 유지하며 행동할 수 있다.

빈 시간을 활용하여 자신을 객관적으로 관찰하는 이미지 트레이닝을 적극적으로 취미로 삼아라. 이는 잠재 능력을 발휘하게 해주는 강력한 무기가 되어준다.

객관적이 되면 어떤 상황에서든 평정심을 유지할 수 있다.

"타석에 설 때마다
'아아, 이거 이상한데!' 하고 느꼈고
'어떻게 하지? 어떻게 하지?' 하고 생각한 끝에,
어느 날
'오른 다리를 들지 않던 옛날의 폼으로 해보자'
라는 생각을 하게 되었어요.
오픈 게임 중이었는데, 피오리아 구장의
거울 앞에서 배트를 들지 않은 채
폼을 비추어보며 반복하여 이미지화했어요.
이게 새로운 타이밍을 잡게 된 계기예요."

'2001년 메이저 리그 1년 차에 다리를 들지 않는 기존의 타법으로
돌아가게 된 경위'를 묻는 잡지 인터뷰 질문을 받고.

69. 자신을 되돌아볼 시간을 확보하라

화장할 때 거울을 보지 않는 여성은 없다. 또 빗으로 머리를 정돈할 때 거울을 보지 않는 남성도 없다.

그런데 평소 자기 모습을 관찰하는 것에 우리는 의외로 무관심하다. 매일 당연한 듯이 이루어지는 루틴 업무에 파묻혀 본래의 자기 모습을 잃어버렸다. 고민이 될 때는 이치로처럼 과거의 자기 모습을 떠올려보라. 그렇게 하면 돌파구가 열릴 것이다.

일상생활 속에 이하의 행동을 추가해보라.

- 프레젠테이션 스피치를 녹음기로 녹음하여 나중에 반복하여 듣는다.
- 평상복 차림의 자신을 가족에게 촬영해달라고 하여 반복하여 감상한다.
- 세면대 거울 앞에서 최고의 미소를 지어보라.

위기에 빠지면 먼저 자신을 되돌아볼 시간을 확보해야 한다. 자신을 있는 그대로 객관적으로 관찰하라. 용기를 내어 가족과 친한 친구에게 자신의 문제점을 지적해달라고 하라. 그렇게 하면 간단하게 위기에서 탈출할 수 있다.

때로는 과거의 나에게 배워라.

"날리려고 해서 날린 안타예요. 이유를 설명할 수 있는 안타. 어떻게 안타를 친 것인지 설명할 수 있는 안타를 말해요.

곧잘 실황 중계자나 해설자가 여러 가지 설명을 하잖아요? '오오! 날아간 코스가 좋네요. 안타입니다. 공이 배트의 그립부에 맞았지만'이라는 설명을 옛날에 들은 적이 있어요. 그런데 저는 일부로 그립부로 쳐서 안타를 날리기도 해요."

"필연적인 안타는 어떤 안타입니까?"라는 질문을 받고.

70. 의도적으로 상식에서 벗어나는 발상을 하라

일본 교육은 우등생을 만들어내는 교육이다. 상식에서 벗어난 발상을 잘라낸다. 또 기발한 행동은 좋게 평가하지 않는다. 제아무리 교과서에 적혀 있는 대로 실천한들 현실에서는 성과를 기대하기 어렵다.

"그립부에 맞았는데, 안타가 되다니 행운이네!"라는 상식이 이치로에게는 통하지 않는다. 의도적으로 그립부로 치기도 한다. 이 상식에서 벗어난 고도의 기술이 이치로다움이다.

"절대로 잊을 수 없을 장외 홈런을 날리고 싶다"거나 "파인 플레이로 관중을 매료하고 싶다"라는 목표도 아주 멋진 목표이다. 하지만 그런 꿈은 프로 야구 선수라면 누구나 꾸는 꿈이다. 그런 상식적인 목표만을 쫓는 선수는 초일류 레벨에 도달할 수 없다.

재능이란 공통점에 있지 않고 차이점에 있다. 남과 똑같은 일을 하면 특출난 점 없는 재미없는 사람이 된다. 설령 역풍이 불더라도 상식에서 벗어난 발상을 키워라.

상식을 우선 의심해보라. 또 대다수의 의견을 미심쩍게 여겨보라. 이런 관점에서 참신한 발상이 나오고, 큰 비약의 기회가 찾아온다.

재능이란 공통점이 아니라 차이점에 있다.

"타석에서는 늘 무언가를 생각하며
미세 조정을 해요.
의식을 두는 포인트는 시기에 따라서
발일 때도 있고 손일 때도 있지만,
조금씩 제가 상상하는 이미지에 맞추어
저의 형태를 수정해요.
단순히 스윙을 반복하기만 해서는 안 돼요.
그리 간단한 게 아니에요.
어떻게 해야 하는가도 물론 저한테는 보여요."

잡지 인터뷰에서 "타석에서는 어떤 생각을 하나요?"라는 질문을 받고.

71. 명석한 두뇌로 횟수를 채우면 누구든 위대한 일을 해낼 수 있다

아주 미세한 변화도 눈치채는가 그렇지 못하는가. 이것이 평범한 일과 위대한 일을 가른다. 경험으로만 체득할 수 있는 것이 눈에 보이지 않는 미세한 변화이다.

배트와 공의 접촉을 밀리미터 단위로 세밀하게 파악하는가 그렇지 못하는가. 이것이 평범한 선수와 일류 선수의 차이이다.

호기심을 가지고 하나의 테마를 깊이 파고들면 못 보고 놓치기 쉬운 미세한 변화도 깨닫게 된다. 그런 능력을 손에 넣고 싶다면 오랜 시간을 들여 '경험'을 쌓을 수밖에 없다. 횟수를 채우고 있더라도 끊임없이 자문자답하지 않으면 앞으로 나아갈 수 없다. 혹은 제아무리 두뇌가 명석하더라도 생각만 하고 행동하지 않는 사람도 역시 성장할 수 없다.

명석한 두뇌로 횟수를 채워라. 그렇게 하면 누구든지 두각을 드러낼 수 있다. 사람은 태어날 때부터 그렇게 만들어졌다.

이치로에게 1타석 1타석은 그가 성장하는 훈련 도장이다. 명석한 두뇌로 깊이 파고들며 납득될 때까지 계속 행동하는 자세가 그의 끝없는 진화를 뒷받침해주고 있다.

미묘한 차이를 감지하면 천재의 영역에 도달할 수 있다.

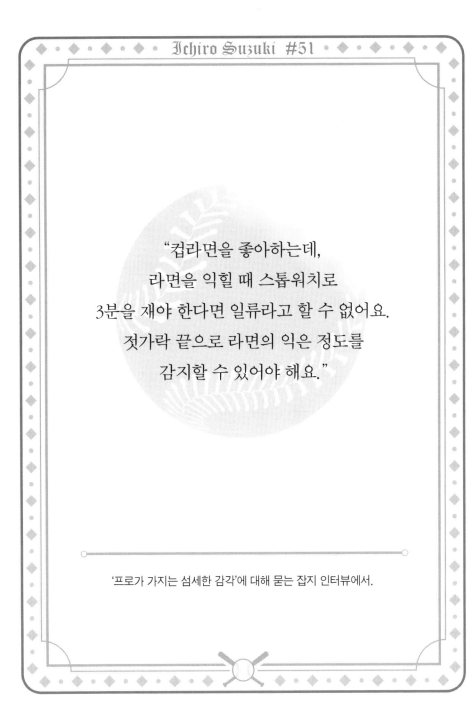

"컵라면을 좋아하는데,
라면을 익힐 때 스톱워치로
3분을 재야 한다면 일류라고 할 수 없어요.
젓가락 끝으로 라면의 익은 정도를
감지할 수 있어야 해요."

'프로가 가지는 섬세한 감각'에 대해 묻는 잡지 인터뷰에서.

72. 오로지 자신의 직감을 믿으며 행동하라

직감은 의외라 잘 들어맞는다. 타이거 우즈는 직감으로 퍼트의 라인을 정한다. 날카롭게 곤두선 직감은 어떤 고성능 컴퓨터보다 정확한 답을 알려준다.

직감을 단련하라. 모든 감각을 민감하게 세우고, 그 기억을 머릿속에 새겨넣어라. 오감을 깨우고 자신이 일하는 구체적인 장면을 상상하라. 그렇게 하면 큰 오차 없이 미래를 읽어낼 수 있다.

이치로가 그토록 많은 안타를 칠 수 있는 것은 과거에 친 모든 안타 감각을 충실하게 뇌 속에 새겨넣는 작업을 다른 그 누구보다도 꼼꼼하게 해왔기 때문이다. 엄청난 양의 스윙 감각이 뇌에 입력되어 오랫동안 푹 끓인 스튜처럼 숙성되었고, 거기에서 도움이 되는 직감이 순간적으로 떠올라 그것이 새로운 안타를 만들어내는 것이다.

이치로가 우리하고는 태생부터가 다른 천재라는 말이 아니다. 그저 우리보다 감각이 좀 더 예민할 뿐이다. 늘 직관을 발휘하라. 직감의 힘을 일에 적용하면 당신은 반드시 큰 성과를 낼 수 있다.

오감을 단련하면 자연히 진리가 보인다.

매리너스 VS 레드삭스 경기 6회,
발로 날아온 치기 어려운 공을 보란 듯이 우익수 쪽으로 쳐낸
매리너스의 이치로 외야수(시애틀의 세이프코 필드). 2004. 7. 20.

제**8**장
충만한 삶을 살기 위해

"경기 감각은 실전이 아니고서는 키울 수 없어요. 아무리 오픈 게임 때 여러 경기를 하더라도 공식 경기하고는 전혀 달라요. 장소도 다르고, 분위기도 다르고, 상대방의 힘도 좀 달라요. 저는 그걸 춘계 합숙 훈련에서 다 준비하기는 힘들더라고요. 그걸 4월 한 달 만에 어떻게든 해내야 한다니. 그냥 4월은 그런 시기라고 받아들이고 있어요."

TV 인터뷰에서 '시즌이 시작되었을 때의 마음가짐'에 관한 질문을 받고.

73. 마음의 여유를 가지고 서서히 컨디션을 높여라

스타트 대시가 잘되지 않았더라도 이치로는 마음을 느긋하게 먹는다. 이것이 그의 멘탈의 강점이다. 챔피언은 초조해하지 않는다. 서서히 컨디션을 높이는 것이 중요함을 안다. 처음부터 딱딱하게 긴장해서 과도하게 애쓰면 반드시 나중에 가서 숨이 찬다. 그런 면에서 자동차와 마찬가지로 무슨 일이든 아이들링(기계나 자동차 따위의 엔진을 가동한 채 힘 걸림이 없는 상태에서 저속으로 회전시키는 일-역주)이 필요하다.

그는 4월을 튠업의 시기로 정했다. 타율이 올라가지 않을 때 다른 타자라면 '컨디션이 나쁘다'라고 단락적으로 생각할 것이다. 컨디션의 좋고 나쁨을 결과만으로 생각하면 마음의 여유가 없어져서 장기전을 벌일 수 없다.

골프 라운드에서도 1번 홀에서 트리플 보기를 하면 즉시 기운이 훅 꺾이는 사람이 있다. 1번 홀의 티샷으로 최고의 샷을 날릴 생각을 하지 말고, '처음 세 홀 동안은 컨디션을 조절하자'라는 생각으로 설령 초반부터 트리플 보기를 범했더라도 냉정하게 플레이를 진행해야 한다.

'서서히 컨디션을 높이자'라는 생각에서 나오는 마음의 여유가 당신에게 효율 좋게 완성도 높은 업무 성과를 내게 해준다.

무슨 일이든 장기적인 전략을 가지고 도전하라.

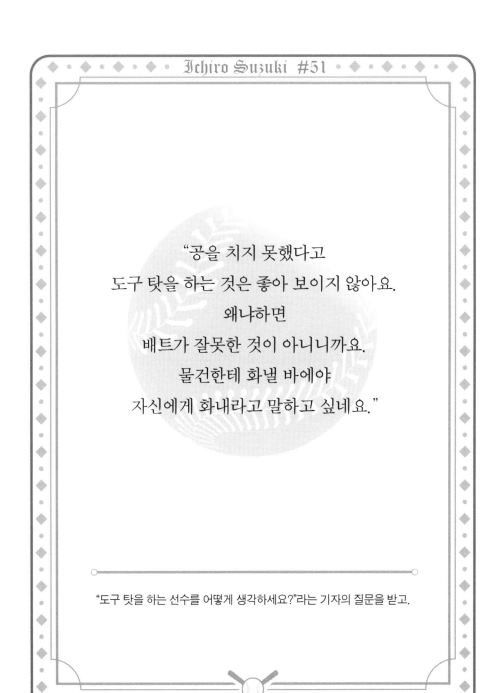

"공을 치지 못했다고
도구 탓을 하는 것은 좋아 보이지 않아요.
왜냐하면
배트가 잘못한 것이 아니니까요.
물건한테 화낼 바에야
자신에게 화내라고 말하고 싶네요."

"도구 탓을 하는 선수를 어떻게 생각하세요?"라는 기자의 질문을 받고.

74. 감사하는 마음으로 도구를 사용하라

이치로가 본격적으로 야구를 시작하기로 결심했을 때 아버지 노부유키가 당시 4만 엔이나 하는 글러브를 주며 이렇게 말했다.

"최고의 도구를 가지고 죽을 각오로 열심히 해봐. 그 대신 오래 쓸 수 있도록 제대로 손질을 잘하거라."

그날부터 이치로가 글러브를 손질하지 않은 날은 하루도 없다. 매일 정성스럽게 글러브를 손질함으로써 글러브가 늘 깨끗하게 유지되는 것 외에 이치로는 눈앞의 일을 마음을 다해 정성스럽게 하는 재능을 갖게 되었다.

도구를 소중히 사용할 때 얻는 효과가 한 가지 더 있다. 그것은 도구 탓을 하지 않고, 자신의 불완전함에 주목한다는 것이다.

퍼트가 신통치 않은 때 골프채를 탓하는 프로 골프 선수가 있다. 한 시즌 동안 몇 번이나 골프채를 바꾼다. 이런 선수는 결코 일류가 될 수 없다. 퍼트가 잘되지 않을 때 도구 탓만 하고 노력은 게을리하기 때문이다.

업무 필수품을 소중하게 다루라. 결과적으로 당신 자신의 삶의 방식이 되어 돌아온다.

도구는 자신을 비추는 거울이다.

"오프 시즌에는 아무 생각도 하지 않아요. 되도록 머리를 텅 비우려고 해요. 하지만 다음 날 경기가 있을 때는 텅 비우기 힘들어요. 취침 시간도 생각해야 하고, 그 밖에도 생각할 것이 많아요. 정말로 머리를 텅 비울 수 있는 것은 다음 날에도 경기가 없을 때예요. 물론 이동 일정도 경기도 없는 완벽하게 오프인 날의 전날 밤에는 정말로 머리를 텅 비우고 있어요."

잡지 인터뷰에서 "경기가 없을 때는 무엇을 하나요?"라는 질문을 받고.

75. 집중력을 높이고 싶으면 릴랙스하라

업무의 질을 높이고 싶다면 좌우간 충분한 수면 시간과 머리를 텅 비울 시간을 확보하라. 또 일을 잘하고 싶다면 '일하는 시간을 늘리겠다'라는 생각을 버리고, 일에서 벗어나는 시간을 가져라.

집중하고 싶을 때도 이런 식으로 생각하는 것이 좋다. '집중하자'라고 생각하면 사람은 누구든지 점점 집중이 안 되기 마련이다. '딱히 집중하지 않아도 상관없어'라고 느긋하게 생각하고 크게 심호흡하라. 이렇게 하는 것만으로도 근육이 이완되어 신기하게 집중이 잘된다.

우리는 TV 화면에 나오는 이치로만 보기 때문에 어떤 때든 그가 늘 경기에 집중하고 있다고 착각한다. 하지만 웨이팅 서클에서 스트레칭하는 모습 등을 보면 놀랄 정도로 릴랙스한 모습을 보여주고 있다.

릴랙스의 천재이기 때문에 타석에 섰을 때도 집중할 수 있는 것이다.

장시간 집중력을 유지하는 것은 그 누구도 할 수 없다. 몇 분이라도 좋으니까 릴랙스한 시간을 수시로 가져보자. 이것이 바로 최고의 집중법이다.

발상을 전환하여 업무의 질을 높여라.

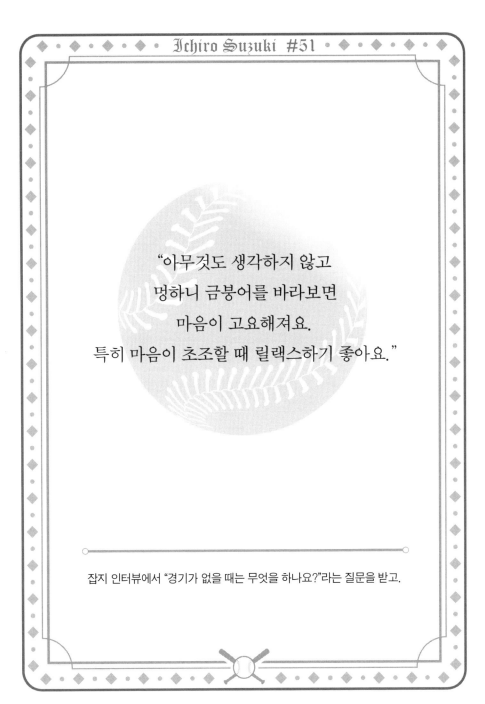

"아무것도 생각하지 않고
멍하니 금붕어를 바라보면
마음이 고요해져요.
특히 마음이 초조할 때 릴랙스하기 좋아요."

잡지 인터뷰에서 "경기가 없을 때는 무엇을 하나요?"라는 질문을 받고.

76. 순간적인 릴랙스법을 익혀라

순간적인 릴랙스법이 이치로가 멋진 성과를 내도록 뒷받침해준다. 그는 단순한 일로 마음을 릴랙스시키는 천재이다. 온천에 가서 기력을 보충하는 것도 나쁘지 않다. 또는 때때로 마사지를 받으러 가는 것도 나쁘지 않다. 하지만 돈이 들고, 무엇보다 시간을 충분히 들여 릴랙스해지러 갈 만큼 우리는 한가하지 않다.

만일 업무 효율이 떨어졌다면 기분 전환할 방법을 궁리하면 된다. 긴장과 이완을 잘 컨트롤하면 놀랄 만큼 업무 효율과 완성도가 좋아진다.

메이저 리그에서는 10연전, 15연전을 하게 되는 경우도 적지 않다. 옆에서 지켜볼 때 '이치로는 언제 릴랙스한 시간을 가질까?' 하고 걱정이 될 때도 있다.

시간을 들여 쉬는 시간을 많이 가지는 것도 생각해볼 문제이다. 릴랙스한 시간을 지나치게 많이 가지면 본래의 업무 모드로 돌아가는 데 시간이 걸린다.

짧은 시간 내에 기분을 리프레시할 방법을 습득하라. 초조할 때는 크게 기지개를 켜고 2~3회 심호흡을 해보라. 또는 사무실 내부를 걸어 다녀보라. 이렇게 하는 것만으로도 간단하게 기분을 전환할 수 있다는 것을 깨달을 것이다.

아주 짧은 시간으로도 기분을 전환할 수 있다.

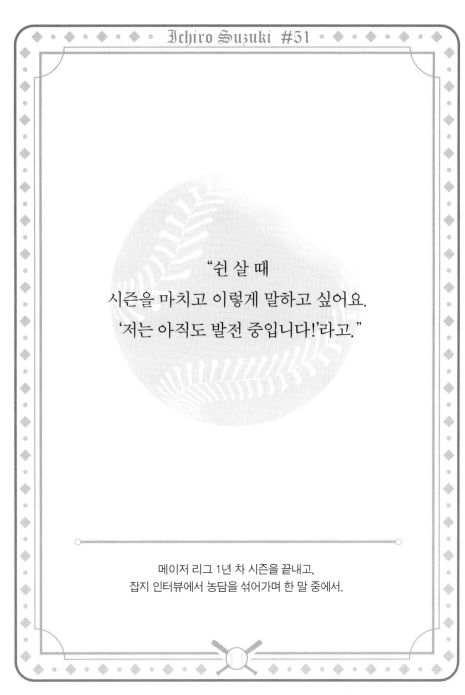

"쉰 살 때
시즌을 마치고 이렇게 말하고 싶어요.
'저는 아직도 발전 중입니다!'라고."

메이저 리그 1년 차 시즌을 끝내고,
잡지 인터뷰에서 농담을 섞어가며 한 말 중에서.

77. 필생의 과업을 지금 당장 노트에 적어라

이치로에게 필생의 과업은 메이저 리그 선수로서 행복하게 사는 것이다. 이 말에서 '몇 살이든 메이저 리그 선수이고 싶다'라는 강한 의지가 느껴진다.

필생의 과업은 직함도 아니고 일도 아니다. 평생에 걸쳐 쌓아 올리고 싶은 재능이다. 물론 일에서 필생의 과업을 찾을 수 있다면 그것은 행운이다.

열중할 수 있는 일을 찾지 못한다면 사람으로서 살아갈 의미가 없다. 점점 깊이 들어가면 아무도 모르는 세계가 그곳에 펼쳐져 있다.

다행히 이치로는 어렸을 때 필생의 과업을 찾았으므로 행복한 사람이다.

이 세상을 떠나는 그날까지 인생을 완전 연소시켜라. 이를 위해서 필생의 과업을 발견하고 지금 당장 노트에 적어라.

당신이 죽을 때 묘비에 한 줄을 새긴다면 어떤 말을 남기고 싶은가? 지금, 진지하게 생각해보길 바란다. 그것이 당신의 필생의 과업이다.

당신이 묘비에 새길 말이 필생의 과업이다.

오픈 게임. 애슬레틱스 VS 매리너스. 2002. 3. 21.

레인저스 VS 매리너스(텍사스주 알링턴 아메리퀘스트필드). 2004. 9. 25.

이치로 연표

1973년: 10월 22일 아이치현 니시카스가이군 도요야마정에서 아버지 스즈키 노부유키와 어머니 도시에 사이에서 태어났다. 차남임에도 일반적으로 장남에게 붙이는 이치로라는 이름을 붙였다. 이해에 메이저리그에서 최다 안타(257)를 기록한 조지 시슬러가 사망한다.

1980년: 도요야마초등학교에 입학.

1982년: 초등학교 3학년 때 소년야구단에 아버지와 함께 입단(아버지는 감독으로 입단-역주).

1985년: 초등학교 6학년. 「꿈」이라는 주제의 작문에서 장래에 프로 야구 선수가 되겠다고 선언한다.

1986년: 도요야마중학교에 입학. 야구부에 들어간다.

1988년: 도요야마중학교 3학년. 전국 대회에서 3위에 든다.

1989년: 아이치공업대학 부속 메이덴고등학교에 입학. 나카무라 다케시 감독의 지도를 받는다.

1990년: 아이치공업대학 부속 메이덴고등학교 2학년 여름, 고시엔 구장에 출장. 투수, 4번 타자로 활약한다.

1991년: 아이치공업대학 부속 메이덴고등학교 3학년 봄, 고시엔 구장에 출장. 오릭스로부터 드래프트 4위로 지명된다.

1992년: 오릭스에 입단. 웨스턴 리그에서 타율 0.366을 기록하여 수위 타자가 된다. 주니어 올스타전에 대타로 출전하여 홈런을 비롯해 2안타 1도루로 MVP로 선정된다.

1993년: 가와무라 겐이치로 코치와 함께 진자 타법을 개발한다. 웨스턴 리그에서 타율 0.371을 기록했으나, 규정 타수에는 미치지 못한다. 2군에서 30경기 연속 안타를 기록한다.

1994년: 오기 아키라가 감독으로 취임한다. 등록명을 스즈키 이치로에서 이치로로 변경한다. 최다 안타(210), MVP, 수위 타자, 69경기 연속 출루, 골든 글러브상 수상, 최고 출루율, 득점왕.

1995년: 2년 연속 수위 타자, 도루왕, 2년 연속 골든 글러브상 수상, MVP, 최다 안타, 최고 출루율, 득점왕.

1996년: 오릭스가 프로 야구 일본 선수권 시리즈에서 우승한다. 3년 연속 수위 타자, 3년 연속 골든 글러브상 수상, MVP, 최다 안타, 최고 출루율, 득점왕.

1997년: 4년 연속 수위 타자, 연속 무삼진 타석(216), 4년 연속 골든 글러브상 수상, 최다 안타, 득점왕.

1998년: 5년 연속 수위 타자, 5년 연속 골든 글러브상 수상, 최다 안타.

1999년: 6년 연속 수위 타자, 6년 연속 골든 글러브상 수상, 최다 출루율.

2000년: 7년 연속 수위 타자, 7년 연속 골든 글러브상 수상, 최다 출루율. 이해에 시애틀 매리너스 입단이 확정된다.

2001년: 메이저 리그 1년 차. MVP, 수위 타자, 신인왕, 골든 글러브상 수상, 최다 안타(242), 도루왕.

2002년: 2년 연속 200안타, 2년 연속 골든 글러브상 수상.

2003년: 3년 연속 200안타, 3년 연속 골든 글러브상 수상.

2004년: 84년 만에 조지 시슬러의 기록을 깨는 262안타 달성. 4년 연속 200안타, 4년 연속 골든 글러브상 수상, 월간 50안타 이상 3회, 수위 타자, 미·일 합산 2,000안타.

이치로의 성적(1992~2004)

연도	경기 수	안타	타점	홈런	삼진	타율	사사구	도루
2004	161	262	60	12	63	.372	53	36
2003	159	212	62	13	69	.312	42	34
2002	157	208	51	8	62	.321	73	31
2001	157	242	69	8	53	.350	38	56
2000	105	153	73	12	36	.387	58	21
1999	103	141	68	21	46	.343	52	12
1998	135	181	71	13	35	.358	50	11
1997	135	185	91	17	36	.345	66	39
1996	130	193	84	16	57	.356	65	35
1995	130	179	80	25	52	.342	86	49
1994	130	210	54	13	53	.385	61	29
1993	43	12	3	1	7	.188	2	0
1992	40	24	5	0	11	.253	3	3

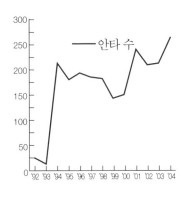

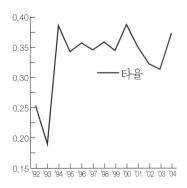

참고 문헌

- 『이치로에게 배우는 '천재'라 불리는 사람의 공통점(イチローに学ぶ'天才'と言われる人間の共通点)』, 고다마 미쓰오(児玉光雄), 가와데유메분코(河出夢文庫)

- 『마쓰이 히데키·이치로에게 배우는 프로페셔널 싱킹(松井秀喜·イチローに学ぶプロフェッショナル·シンキング)』, 고다마 미쓰오(児玉光雄), 후타미쇼보(二見書房)

- 『이치로 인터뷰(イチロー·インタビュー)』, 고마쓰 나루미(小松成美), 신초샤(新潮社)

- 『이치로 온 이치로(イチロー·オン·イチロー)』, 고마쓰 나루미(小松成美) 신초샤(新潮社)

- 『이치로이즘(イチローイズム)』, 이시다 유타(石田雄太), 슈에이샤(集英社)

- 『이치로, 성지로(イチロー、聖地へ)』, 이시다 유타(石田雄太), 분게이슌쥬(文芸春秋)

- 『머나먼 이치로, 나의 친구 이치로(遥かなイチロー、わが友一郎)』, 요시다 다카시(義田貴士), KK Bestsellers

- 『캐치볼 ICHIRO meets you(キャッチボール ICHIRO meets you)』, 이토이 시게사토(糸井重里) 감수, 피아(ぴあ)

- 『이치로 - 진화하는 천재의 궤적(イチロー - 進化する天才の軌跡)』, 사토 겐(佐藤健), 고단샤(講談社)

- 『이치로 USA 어록(イチローUSA語録)』, David Shields 편저, 슈에이샤신쇼(集英社新書)

- 『이치로×기타노 다케시의 캐치볼(イチロー×北野武キャッチボール)』, 기타

노 다케시(北野武), 피아(ぴあ)

- 『이치로 리포트-지역 신문 기자가 밝힌 천재의 빛과 어둠(イチローリポート - 地元記者が明かす天才の光と影)』, 시애틀타임즈 기자 그룹, Eastpress
- 『자신의 재능을 깨닫는 55가지 방법(自分の才能に気づく55の方法)』, 나카타니 아키히로(中谷彰宏), 가이류샤(海竜社)
- 『끝까지 해내는 나로 바뀌는 책(最後までやりとげられる自分に変わる本)』, 나카타니 아키히로(中谷彰宏), 젠니치출판(全日出版)
- 잡지 『Number』, 분게이순쥬(文芸春秋)
- 잡지 『주간 베이스볼(週刊ベースボール)』, Baseball Magazine
- 잡지 『SPORTS Yeah!』, 가도카와쇼텐(角川書店)/산케이신문사(産経新聞社)·Sankei Sports
- TV 특별 방송 『이치로의 신기록을 이야기하다(イチロー新記録を語る)』, NHK

역자 후기

　이치로 야구 선수는 '안타를 한 번이라도 더 많이 치는 것', '누구보다 안타를 많이 치는 것'을 목표로 자신이 가장 좋아하는 야구 분야에 몰두해온 선수이다. 2004년 10월 1일 한 시즌 최다 안타를 기록하는 목표를 이루어 환희, 삶의 승리, 인생의 큰 성취를 남김없이 맛보았다.

　하지만 이치로 선수는 목표를 성취한 그 순간에만 기쁨과 승리를 맛본 게 아니다. 목표를 향해 나아가는 과정, 즉 하루하루가 늘 충만, 활력, 평정심, 소망, 승리, 결단, 창조, 성공, 완성으로 가득 차 있다.

　이는 이치로 선수가 삶의 중심을 잘 잡기 때문이다. 그는 미래의 목표를 향해 나아가지만, 현재 눈앞의 일에 집중한다. 큰 꿈을 꾸지만, 오늘 할 수 있는 작은 일을 반복한다. 실수의 원인을 냉철하게 분석하되, 스스로 칭찬하는 것도 잊지 않는다. 모두가 인정할 만한 큰 성취를 이루기를 바라지만, 타인의 평가에 휘둘리지 않는다. 웃으며 실패하고, 슬럼프일 때가 최고 컨디션일 때라고 여긴다. 그렇기에 처절하게 좌절하지도 않고, 기쁨에 취해 오만해지지도 않는다.

　이 책은 미래를 구상하며 꿈을 향해 달려가면서도 오늘 여기에 현

존하며 충만하게 사는 방법을 알려주는 지침서이다. 또한 실패하고, 좌절하고, 힘들어 쓰러지면서도 꿈을 꽉 움켜쥔 주먹을 결코 풀지 않는 우리 모두를 응원하는 응원서이다. 그중에서도 "크리에이터가 창작하는 데 어려움을 겪을 때 영감을 얻을 수 있으면 좋겠다"라는 AK출판사 편집부의 마음이 가 닿아 특히 크리에이터에게 큰 용기와 힘과 영감이 되길 바란다.

오늘부로 울면서 달리기는 그만! 이 책을 스승 삼아 마음을 굳게 먹고, 당신이 꿈꾸는 나다운 인생이 될 때까지 담대한 마음으로 나아가길 기원한다.

옮긴이 김진희

이치로 사고

초판 1쇄 인쇄 2022년 12월 10일
초판 1쇄 발행 2022년 12월 15일

저자 : 고다마 미쓰오
번역 : 김진희

펴낸이 : 이동섭
편집 : 이민규
디자인 : 조세연
영업 · 마케팅 : 송정환, 조정훈
e-BOOK : 홍인표, 최정수, 서찬웅, 김은혜, 이홍비, 김영은
관리 : 이윤미

㈜에이케이커뮤니케이션즈
등록 1996년 7월 9일(제302-1996-00026호)
주소 : 04002 서울 마포구 동교로 17안길 28, 2층
TEL : 02-702-7963~5 FAX : 02-702-7988
http://www.amusementkorea.co.kr

ISBN 979-11-274-5784-6 03190

イチロー思考─孤高を貫き、成功をつかむ77の工夫
ICHIROU SHIKOU ─ KOKOU WO TSURANUKI, SEIKOU WO TSUKAMU 77 NO KUFUU
Copyright ⓒ 2004 by MITSUO KODAMA
Original Japanese edition published by Discover 21, Inc., Tokyo, Japan
Korean edition published by arrangement with Discover 21, Inc.
through Digital Catapult Inc.

창작을 위한 아이디어 자료

AK 트리비아 시리즈

-AK TRIVIA BOOK

환상 네이밍 사전
의미 있는 네이밍을 위한 1만3,000개 이상의 단어

중2병 대사전
중2병의 의미와 기원 등, 102개의 항목 해설

크툴루 신화 대사전
대중 문화 속에 자리 잡은 크툴루 신화의 다양한 요소

문양박물관
세계 각지의 아름다운 문양과 장식의 정수

고대 로마군 무기·방어구·전술 대전
위대한 정복자, 고대 로마군의 모든 것

도감 무기 갑옷 투구
무기의 기원과 발전을 파헤친 궁극의 군장도감

중세 유럽의 무술, 속 중세 유럽의 무술
중세 유럽~르네상스 시대에 활약했던 검술과 격투술

최신 군용 총기 사전
세계 각국의 현용 군용 총기를 총망라

초패미컴, 초초패미컴
100여 개의 작품에 대한 리뷰를 담은 영구 소장판

초쿠소게 1,2
망작 게임들의 숨겨진 매력을 재조명

초에로게, 초에로게 하드코어
엄격한 심사(?!)를 통해 선정된 '명작 에로게'

세계의 전투식량을 먹어보다
전투식량에 관련된 궁금증을 한 권으로 해결

세계장식도 1, 2
공예 미술계 불후의 명작을 농축한 한 권

서양 건축의 역사
서양 건축의 다양한 양식들을 알기 쉽게 해설

세계의 건축
세밀한 선화로 표현한 고품격 건축 일러스트 자료집

지중해가 낳은 천재 건축가 -안토니오 가우디
천재 건축가 가우디의 인생, 그리고 작품

민족의상 1,2
시대가 흘렀음에도 화려하고 기품 있는 색감

중세 유럽의 복장
특색과 문화가 담긴 고품격 유럽 민족의상 자료집

그림과 사진으로 풀어보는 이상한 나라의 앨리스
매혹적인 원더랜드의 논리를 완전 해설

그림과 사진으로 풀어보는 알프스 소녀 하이디
하이디를 통해 살펴보는 19세기 유럽사

영국 귀족의 생활
화려함과 고상함의 이면에 자리 잡은 책임과 무게

요리 도감
부모가 자식에게 조곤조곤 알려주는 요리 조언집

사육 재배 도감
동물과 식물을 스스로 키워보기 위한 알찬 조언

식물은 대단하다
우리 주변의 식물들이 지닌 놀라운 힘

그림과 사진으로 풀어보는 마녀의 약초상자
「약초」라는 키워드로 마녀의 비밀을 추적

초콜릿 세계사
신비의 약이 연인 사이의 선물로 자리 잡기까지

초콜릿어 사전
사랑스러운 일러스트로 보는 초콜릿의 매력

판타지세계 용어사전
세계 각국의 신화, 전설, 역사 속의 용어들을 해설